역사 교과서
집필진이 쉽게
풀어 주는

술술
한국사

1 선사·남북국 시대

그림 **이량덕**

성신여자대학교와 대학원에서 시각디자인을 공부했다. 서정적인 감성과 세련된 색감, 콜라주와 전통 문양 등을 이용한 독특한 화법으로 자신만의 독특한 그림 스타일을 보여 주면서 주목받고 있다. 그린 책으로는《벼락 아빠와 지구 반 바퀴》《세상을 바꾼 위대한 책벌레들1, 2》《나는야 미생물 요리사》《눈사람이 엄마를 데려갔어요》《맛의 거리》《떴다! 지식 탐험대》《한글을 지킨 사람들》등 여러 권이 있다.

역사 교과서 집필진이 쉽게 풀어 주는
술술 한국사 ❶ 선사·남북국 시대

1판 1쇄 발행 | 2015. 1. 5.
1판 9쇄 발행 | 2024. 7. 1.

방대광 글 | 이량덕 그림 | 정호섭 감수

발행처 김영사 | 발행인 박강휘
등록번호 제 406-2003-036호
등록일자 1979. 5. 17.
주소 경기도 파주시 문발로 197(우10881)
전화 마케팅부 031-955-3100 편집부 031-955-3113~20
팩스 031-955-3111

© 2015 방대광

값은 표지에 있습니다.
ISBN 978-89-349-6918-1 44900
     978-89-349-6917-4 (세트)

좋은 독자가 좋은 책을 만듭니다. 김영사는 독자 여러분의 의견에 항상 귀 기울이고 있습니다.
독자의견전화 031-955-3139 | 전자우편 book@gimmyoung.com
홈페이지 www.gimmyoungjr.com | 어린이들의 책놀이터 cafe.naver.com/gimmyoungjr

이 도서의 국립중앙도서관 출판시도서목록(CIP)은 서지정보유통지원시스템 홈페이지(http://seoji.nl.go.kr)와
국가자료공동목록시스템(http://www.nl.go.kr/kolisnet)에서 이용하실 수 있습니다. (CIP제어번호 : CIP2014028446)

|어린이제품 안전특별법에 의한 표시사항| 제품명 도서 제조년월일 2024년 7월 1일
제조사명 김영사 주소 10881 경기도 파주시 문발로 197 전화번호 031-955-3100 제조국명 대한민국
사용 연령 13세 이상 ⚠주의 책 모서리에 찍히거나 책장에 베이지 않게 조심하세요.

일러두기

1. 책 속에 들어간 인용문은 원문을 최대한 살리는 것을 원칙으로 하되, 읽고 이해하는 데 어려움이 있는 부분은 현대적 표현으로 바꾸어 실었습니다.
2. 찾아보기는 내용상 중요한 단어들로 뽑았으며, 본문에서도 색글자로 강조했습니다(단 중복해서 나오는 단어는 처음 한 번만 강조).
3. 어려운 용어나 덧붙여 설명할 내용이 있는 단어 앞에 •를 표기했습니다.

역사 교과서
집필진이 쉽게
풀어 주는

술술
한국사

1 선사·남북국 시대

방대광 글 | 이량덕 그림 | 정호섭 감수

주니어김영사

가장 뜨거운 화두인
한국사

한국사는 오늘날 영토 갈등, 역사 왜곡 등 세계 여러 나라와 얽힌 이해관계 및 국내외의 정세와 맞물려 한층 그 중요성이 강조되고 있습니다. 또 얼마 전에는 '한국사 교과서 국정 교과서화' 논란이 다시 일기도 했지요. 이에 교육 현장에서는 올바른 역사 교육을 통한 역사 바로 세우기에 대한 관심이 높아지고, 구체적인 대책을 마련해 역사 교육을 강화하려는 방침을 세우고 있습니다. 2017학년도 수능부터 모든 수험생이 필수적으로 한국사를 응시하도록 하면서, 한국사의 중요성은 더욱 증대되고 있는 실정입니다. 더불어 강화된 정책만큼 한국사를 어떻게 가르치고 공부해야 하는지에 대한 교육 현장의 고민도 늘어나고 있습니다.

우리나라 사람들이 역사에 가장 관심을 갖는 시기는 학창 시절입니다. 요즘은 초등학교 고학년부터 역사를 배웁니다. 그러다가 중학교 때 다시 배우기 시작하는 《역사》 교과서는 초등학교 역사에 비해 훨씬 어렵습니다. 정보량이 갑자기 폭발적으로 늘어나기 때문입니다.

〈역사 교과서 집필진이 쉽게 풀어 주는 술술 한국사〉(이하 〈술술 한국사〉) 시리즈는 변화하는 역사 교육의 소용돌이 속에서 든든한 안내자 역할을 하며 다년간 교육 현장에서 역사 교육에 종사해 온 전문가들에 의해 기획되었습니다. 청소년의 수준을 고려해 쉽고 흥미롭게 한국사를 접할 수 있도록 내용을 선별하고 친절하게 서술하는 데 온힘을 쏟았기 때문에 어려워지는 한국사 수업에 침착하게 대처할 수 있게 합니다. 따라서 〈술술 한국사〉 시리즈는 수능시험에서 필수 과목으로 한국사에 응시해야 하는 현재의 중·고등학생들을 위해서라도 반드시 필요한 책이라고 생각합니다.

감수를 맡으면서 검토해 본 결과, 〈술술 한국사〉의 최대 장점은 최신 교과 과정과 이후 교과 개편 방향을 반영하면서도 술술 읽히도록 자연스럽게 풀어냈다는 점입니다. 암기식 학습으로 한국사에 흥미를 잃은 청소년들을 위한 반복 학습용으로 손색이 없다고 생각합니다. 특히 이 시리즈는 어느 한쪽으로 치우치지 않고 인물, 정치, 문화, 대외 관계 등을 흐름 속에서 파악할 수 있게 하는 한편, 내용의 흐름을 방해하지 않는 수준의 다양한 사진과 자료, 도표 등으로 내실을 강화했고, 중·고교 교과 이후에 알아도 될 정보는 과감히 빼, 기존의 초등학생들을 위한 흥미 위주의 역사서와 성인을 위한 난해한 역사 교양서의 중간 다리가 되어 줄 것입니다.

이 책의 또 다른 특징은 근현대사에 대한 비중을 높였다는 점입니다. 개항기와 일제 강점기를 전공한 저에게는 청소년 대상 근현대사 교육이 강화되는 것이 바람직하다고 생각합니다. 기존의 한국사 도서들은 조선 후기까지의 역사만 자세하게 다룰 뿐 근현대사의 미묘한 부분을 제외시키거나 간략하게 언급하고 넘어가는 정도였지만, 〈술술 한국사〉는 청소년들의 바른 알 권리를 위해 근현대사를 세 권의 분량으로 다루고 있는 점이 눈에 띕니다.

〈술술 한국사〉의 저자들은 교과서를 집필하고 실제 현장에서 역사 교육에 몸담고 있는, 이미 이 분야에서 실력을 검증받은 분들입니다. 아무쪼록 〈술술 한국사〉가 역사에 대한 학습 도우미를 넘어 청소년들의 역사관을 바로 세우는 데 일조할 것을 기대합니다.

감수자 대표 한철호

역사 공부의
첫걸음을 떼다

우리는 편의상 시간을 과거, 현재, 미래로 구분합니다. 과거는 현재로 이어지고, 현재는 끊임없이 새로운 미래를 향해 나아가지요. 우리는 시간의 흐름을 거슬러 지나간 과거로 돌아갈 수는 없지만 역사를 통해 과거와 만날 수는 있습니다. 역사를 살펴봄으로써 그동안 인간이 어떻게 살아왔는지 그리고 그 삶이 어떻게 변화했는지 알 수 있는 것이지요.

세상의 모든 것은 시간이 흐르면서 변화합니다. 땅속의 지층처럼 시간의 흐름 속에서 변화해 온 모습들이 차곡차곡 쌓이지요. 인간의 역사도 마찬가지입니다. 오랜 시간을 거치며 인간의 삶은 다양한 모습으로 바뀌고, 그 살아 온 과정이 하나씩 쌓여 역사가 되는 것입니다.

역사를 왜 알아야 할까요? 과거에 일어난 사실을 아는 것만으로는 과거를 이해했다고 보기 어렵습니다. 왜 그 사건이 일어났는지, 그것이 어떤 결과를 낳았는지 그리고 그 역사적 사실이 오늘날 우리에게 어떤 의미가 있는지 설명할 수 있어야 비로소 역사를 이해했다고 할 수 있지요. 역사적 사실은 과거 그 자체가 아니라, 현재를 살고 있는 우리의 눈을 거쳐서 바라보는 과거이기 때문입니다. 따라서 우리는 역사를 공부함으로써 역사의 인과 관계를 깨달을 수 있으며, 인간이 쌓아 온 경험의 산물이라는 측면에서 역사를 통해 많은 교훈을 얻을 수 있습니다. 아울러 역사가 흘러온 원리를 이해함으로써 앞으로 우리가 열어 갈 미래에 대해 올바르게 전망하고 건설적인 계획도 세울 수 있지요.

역사를 알려면 과거의 흔적을 찾아야 합니다. 이를 '사료'라고 하는데, 역사를 탐구하는 재료의 역할을 합니다. 사료에는 과거 사람들이 남긴 문자 기록과 유물, 유적 등이 있습니다. 문자 기록에는 국가나 관리들이 남긴 공식 기록과 개인의 일기나 편지, 문학 작품 등이 포함되지요. 오늘날까지 전해지는 여러 문자 기록과 유물 그리고 유적 등은 과거의 여러 가지 역사적 사실을 들여다볼 수 있는 중요한 자료랍니다.

〈술술 한국사〉 시리즈는 우리 조상이 남긴 여러 문자 기록, 유물, 유적 등 청소년들이 공부해야 할 역사적 사실을 통시대적으로 정리했습니다. 고대사부터 현대사까지의 역사적 사실을 통사적으로 하나씩 따라가다 보면 어느덧 우리 조상의 삶이 손에 잡힐 듯 생생하게 다가올 것입니다. 자, 이제 역사 공부의 첫걸음을 시작해 볼까요?

방대광

| 차 례 |

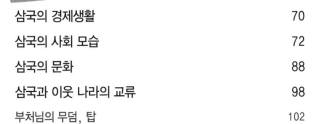

1장

선사 시대의 문화와 고조선의 발전

지구에 생명체가 나타난 것은 약 30억 년 전쯤이에요. 이후 최초의 인류인 오스트랄로피테쿠스가 등장한 뒤 인류는 점점 진화했지요. 신석기 시대와 청동기 시대를 거치며 형성된 우리 민족은 한반도와 만주 지역 일대에 널리 분포했어요. 우리 민족 최초의 국가인 고조선도 청동기 시대에 세워졌지요. 이제부터 구석기 시대를 거쳐 청동기 시대에 이르는 동안의 사회 모습과 고조선의 건국 그리고 철기 시대에 성립된 여러 나라에 대해 살펴보도록 해요.

구석기 시대의
사회와 문화

　우리가 역사책을 펼쳤을 때 가장 먼저 접하는 것이 구석기 시대예요. 그리고 그다음에는 신석기 시대가 등장하지요. 구석기 시대와 신석기 시대는 어떤 석기를 사용했는가에 따라, 즉 어떤 돌 도구를 사용했는가를 기준으로 구분해요. 구석기 시대의 '구'는 옛 것을, 신석기 시대의 '신'은 새로운 것을 뜻한다는 점에서 시대 구분의 의미를 이해할 수 있을 거예요.

　구석기 시대는 약 70만 년 전에 시작됐는데, 구석기 시대 사람들은 돌을 주워 사용하는 데 그치지 않고, 돌을 의도적으로 바위나 큰 몸돌로부터 떼어 내 사용했어요. 큰 돌에서 작은 돌을 떼어 내 도구로 사용했다는 뜻에서 이러한 돌연장을 뗀석기라고 해요. 뗀석기에는 주먹 도끼, 찍개 등의 사냥 도구와 긁개, 밀개 등의 조리 도구가 있지요.

　구석기 시대 사람들은 한곳에 정착해 가축을 기르거나 농사를 지으며 살지 않았어요. 떠돌아다니며 자연 속에서 옷을 구하고 식량을 얻는 생활을 했지요. 넓은 나뭇잎이나 풀 등을 엮어 몸에 두르거나 사냥으로 잡은 짐승의 가죽을 이용해 옷을 만들어 입었어요.

당시에는 여러 사람이 힘을 모아 짐승을 사냥했어요. 하지만 사냥할 때마다 고기를 푸짐하게 먹을 수는 없었지요. 사냥에 성공한 날보다 그렇지 못한 날이 훨씬 더 많았거든요. 그래서 구석기 시대 사람들은 나무나 풀의 잎사귀, 열매, 뿌리 등을 채집해 먹거나 물가에서 물고기를 잡아먹기도 했답니다.

사냥이나 채집, 고기잡이 등을 혼자서 해내는 것은 어려운 일이었어요. 그래서 구석기 시대 사람들은 무리를 지어 살며 먹을 것을 찾아 여기저기로 옮겨 다니는 이동 생활을 했지요. 때로는 덩치가 큰 맹수를 만나 위험에 빠지기도 하고, 먹을 것을 찾지 못해 며칠씩 굶을 때도 있었어요. 그래서 큰 짐승을 사냥하거나 먹거리를 빨리 찾기 위해 그들은 경험이 많고 지혜로운 지도자를 뽑았어요. 하지만 당시에는 지도자라 하더라도 다른 사람 위에 군림하는 권력을 행사하지 않았기 때문에 모든 사람이 평등한 공동체 생활을 했답니다. 삶과 죽음을 함께하는 운명 공동체였지요.

▌**주먹 도끼** 찍는 날과 자르는 날 두 가지가 모두 있어 구석기 시대의 만능 도구 역할을 했다.

구석기 시대 사람들은 추위와 비바람 그리고 짐승들의 공격을 피해 동굴이나 바위 그늘에서 지냈어요. 그러다 점차 불을 다룰 줄 알게 되면서 이전보다 훨씬 더 편리한 생활을 하게 되었어요. 불을 이용해 어둠을 밝히는 것은 물론, 추위를 이겨 낼 수도 있었거든요. 게다가 불을 지피면 맹수들도 쉽게 접근할 수 없는 데

▌**찍개** 나무를 다듬거나 짐승의 뼈를 찍고, 짐승의 살을 토막 내는 데 사용했다.

구석기 시대의 생활 모습 구석기 시대의 생활을 복원해 놓은 서울 암사동 선사 유적지의 모습이다.

다, 그 불에 사냥한 고기를 더욱 연하고 맛있게 구워 먹을 수 있었지요.

한편 구석기 시대 사람들은 먹을 것을 찾아 멀리 이동할 때는 임시로 머무를 곳을 마련했어요. 주로 마실 물을 구하기 쉬운 강가에 막집을 지었지요. 막집은 땅을 파고 막대기를 세운 다음 나뭇가지나 짐승의 가죽을 얹은 형태로, 오늘날의 텐트와 비슷했어요.

구석기 시대 사람들도 일종의 예술 활동을 했다는 사실을 알고 있나요? 사냥 감이 많이 잡히기를 기원하며 자신들이 생활하던 동굴 벽에 그림을 그리거나 조각품을 만들었지요. 에스파냐와 프랑스 등에서 소나 들짐승을 그린 동굴 벽화가 발견된 것과 마찬가지로 우리나라의 공주 석장리와 단양 수양개 등의 구석기 유적지에서도 물고기 모양을 새긴 조각이 발견되었답니다.

구석기 시대 후기부터는 사람들이 죽음 뒤의 세계에 대해 진지하게 생각하기 시작했어요. 그러면서 무덤을 만들어 시신을 묻고 그 위에 꽃을 뿌리며 죽은 이의 명복을 빌기도 했지요.

▌떼석기의 제작 방법

모루떼기 돌감을 받침으로 쓰는 돌인 모루에 내리쳐 °격지를 떼어 내는 단순한 방법.

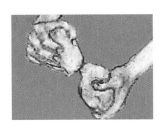

직접떼기 돌감과 망치 역할을 하는 돌을 양손에 쥐고 돌감에 직접 타격하는 방법.

간접떼기 직접 돌감을 때리지 않고 뼈나 뿔을 이용해 간접적으로 석기를 만드는 방법.

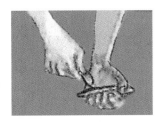

눌러떼기 작고 날카로운 도구를 이용해 지속적인 압력을 주어 석기를 만드는 방법.

▌떼석기의 사용 방법

주먹 도끼 짐승을 사냥하고 가죽을 벗기며 땅을 파서 풀이나 나무뿌리를 캐는 등 여러 가지 목적으로 사용했다.

찍개 나무를 자르거나 뼈를 부스러뜨릴 때 또는 적과 싸울 때 사용했다.

찌르개 끝이 뾰족한 석기를 나무 끝에 묶어 작은 동물이나 고기를 잡을 때 사용했다.

긁개, 밀개 재료를 손질하거나 음식을 조리할 때 사용했다.

°**격지** 몸돌에서 떼어 낸 돌 조각

신석기 시대의
생활

떼석기를 사용하는 시기가 지난 후 간석기를 사용하는 신석기 시대가 등장했어요. 우리나라의 신석기 시대는 기원전 8000년경, 지금으로부터 약 1만 년 전에 시작되었답니다.

신석기 시대를 특징짓는 유물은 간석기와 토기예요. 신석기 시대 사람들은 거친 떼석기를 갈아 이전보다 좀 더 정교한 석기를 만들어 사용했는데, 갈아 만든 석기라고 해서 '간석기'라고 불러요. 당시 사람들은 간석기를 이용해 돌괭이, 돌삽, 돌보습, 돌낫 등을 만들어 사용했어요. 간석기는 단순히 돌을 깨서 사용하던 떼석기보다 훨씬 편리하고 쓸모 있었지요.

신석기 시대에 처음 등장한 토기는 음식물을 조리하거나 저장하는 데 사용되었어요. 토기란, 말 그대로 흙으로 만든 그릇을 뜻해요. 진흙으로 그릇 모양을 빚은 뒤

┃ 간석기로 만든 돌낫 돌을 갈아 매끈하고 뾰족한 형태로 만든 다음 나무에 매달아 사용했다.

불에 구워 단단하게 만들었지요. 신석기 시대에 만들어진 토기로는 이른 민무늬 토기, 덧무늬 토기, 눌러찍기무늬 토기 등이 있는데, 그중에서도 우리나라 전역에서 출토되는 빗살무늬 토기가 대표적인 토기랍니다.

빗살무늬 토기 서울 암사동에서 출토된 빗살무늬 토기는 곡식을 담거나 저장하는 데 사용했다.

빗살무늬 토기는 그릇 표면에 빗살 같은 평행선이나 물결 모양을 이룬 점선 등의 기하학적 무늬가 새겨져 있고, 도토리처럼 둥근 밑 모양을 하고 있어요. 밑이 뾰족해 바닥에 세워 놓고 쓰기에는 불편했을 텐데 당시 사람들은 이것을 어떤 방식으로 사용했을까요? 그것을 신석기 시대 사람들이 살았던 주거지를 알아보면 쉽게 답을 알 수 있어요. 신석기 시대 사람들은 주로 강가나 바닷가에 살았기 때문에 아주 쉽게 땅을 팔 수 있었어요. 그러다 보니 토기를 땅에 묻어서 사용한 것이지요.

1957년에 있었던 황해도 봉산 지탑리 지역의 대규모 발굴 조사에 이어 1979년에는 평양 남경에서 대대적인 발굴 조사가 벌어졌어요. 그 결과 다량의 신석기 시대 유물이 출토되어 두 곳 모두 신석기 시대에 사람이 살았던 주거지였음이 밝혀졌지요. 그런데 두 유적지에서는 흥미로운 것이 발견되었어요. 신석기 시대의 유물과 함께 불에 탄 좁쌀이 발견된 거예요. 이것은 신석기 시대에 이미 좁쌀 같은 잡곡을 경작하는 농경 생활이 시작되었음을 의미하는 것이에요.

신석기 시대에는 문자가 없었기 때문에 우리 조상들이 농사짓는 방법을 어떻게 알았는지 정확하게 알 수는 없어요. 다만 먹다 버린 식물의 씨앗에서 싹이 트고, 그것이 자라 열매 맺는 모습을 보고 자연스럽게 농사짓는 방법을 알게 되었을 것이라고 추측할 뿐이지요.

신석기 시대부터는 가축을 기르기 시작했어요. 짐승을 사냥하자마자 잡아먹는 것보다 길러서 잡아먹거나 새끼를 낳게 하면 훨씬 더 많은 고기를 먹을 수 있다는 것을 깨달은 거예요. 또한 짐승을 기르면서 가죽도 이전보다 더 많이 얻을 수 있었고요. 이처럼 짐승을 기르는 것을 목축이라고 해요. 개와 돼지가 집짐승, 즉 가축이 된 것도 이때부터였답니다.

농경과 목축은 신석기 시대 사람들이 한 일 중 가장 위대한 업적으로 평가받고 있어요. 이전의 사냥, 채집, 고기잡이는 자연에서 만들어진 먹거리를 그대로 가져오는 일에 불과했지만 농경과 목축은 사람이 직접 자연에 힘을 가하고 오랫동안 노력을 기울여 먹을 것을 생산하는 활동이기 때문이에요.

농경과 목축을 시작한 이후 인류의 생활은 크게 달라졌어요. 농작물과 가축

▎**신석기 시대의 갈돌과 갈판** 넓적한 갈판 위에 곡식의 낱알을 놓고 갈돌을 앞뒤로 움직여 껍질을 벗기거나 가루를 냈다. 이 가루로 죽을 끓이거나 오늘날의 떡과 비슷한 음식을 해 먹었다.

▎**신석기 시대의 농기구** 신석기 시대 사람들은 돌보습, 돌괭이, 돌삽, 돌낫 등을 이용해 농사를 지었다. 돌보습은 땅을 파거나 가는 데 사용했다.

을 돌보기 위해 정착 생활을 하게 되었고, 굶어 죽는 사람이 줄어들어 인구가 크게 늘어났지요. 세계사에서는 이러한 모든 변화를 통틀어 신석기 혁명이라고 해요. 하지만 농사만으로는 먹거리가 충분하지 않았어요. 경험이 적어 농사에 관한 기술이 부족한 탓에 생산량이 많지 않았거든요. 그래서 사냥과 채집, 고기잡이도 식량을 얻는 중요한 수단으로 계속 활용되었지요.

신석기 시대 사람들은 정착 생활을 시작하면서 땅을 파서 기둥을 세우고 그 위에 나뭇가지나 지푸라기를 엮어 지붕을 얹은 형태의 움집을 지었어요. 여기서 '움'은 땅을 파낸 구덩이를 뜻하는 말로, 움집은 일종의 반지하 집인 셈이었지요. 더운 여름에는 시원하고, 추운 겨울에는 따뜻해서 신석기 시대 사람들에게는 천연 냉난방 시설이나 마찬가지였지요. 움집은 보통 네다섯 명의 가족이 살 수 있을 정도의 크기였어요. 출입문 근처에는 돌칼, 돌도끼, 화살 등의 사냥 도구를 두었고, 중앙에는 불을 피울 수 있는 화덕이 있었어요. 움집 안에는 여러 개의 토기를 두고 농사지은 곡식의 낟알이나 각종 열매 등을 보관했어요.

신석기 시대 사람들은 식물에서 실을 뽑아 옷감을 짜는 방식의 원시적인 수

┃**신석기 시대의 움집** 서울 암사동 선사 유적지의 신석기 시대 움집 복원 모형. 움집의 바닥은 대체로 둥글거나 모서리가 둥근 네모꼴이었다. 중앙에는 화덕이 있고, 한쪽 면에 출입문이 있었다.

▌**가락바퀴** 가운데의 둥근 구멍에 막대를 끼우고 실을 감아 회전시키면 실이 늘어지면서 꼬인다.

공업을 통해 옷을 만들어 입었어요. 가락바퀴를 이용해 산과 들에서 야생으로 자라는 삼이나 칡덩굴에서 실을 뽑고, 뼈바늘로 바느질해서 근사한 삼베옷을 만들어 입었지요.

신석기 시대 사람들은 공동체 사회를 이루었어요. 공동의 삶을 꾸려 가면서 공동 노동과 공동 소유를 기초로 한 평등한 사회에 살았어요. 당시 사람들은 공동체의 단결을 굳건히 하기 위해 같은 혈연을 가진 씨족끼리 모여 생활했어요. 하나의 씨족은 족외혼을 통해 다른 씨족과 연결되었지요. 여러 개의 씨족들이 하나로 합쳐지며 점차 부족이 형성되었어요.

신석기 시대에는 구석기 시대와 마찬가지로 계급이나 사유 재산이 없었어요. 다만 나이가 많은 연장자나 경험이 많은 사람들이 부족을 이끌었어요. 이들은 부족의 대표자일 뿐 지배자는 아니었어요.

한편 농사를 짓기 시작하면서 사람들은 날씨에 관심을 가졌어요. 큰비가 오거나 가뭄이 들면 농사를 망치기 때문이에요. 이 과정에서 사람들은 인간의 힘으로는 자연 현상을 통제할 수 없다는 것을 깨닫고 자연에 의지하는 마음을 가지게 되었어요. 이는 곧 신앙의 형태로 발전했지요. 태양, 천둥과 같은 자연 현상이나 산, 물, 나무 등의 자연물에 정령이 깃들어 있다고 믿고 그 사물을 숭배하는 현상이 나타났는데, 이를 애니미즘이라고 해요. 그 밖에도 특정한 동물이나 식물을 공동의 조상으로 숭배하는 토테미즘, 하늘과 인간 세상을 연결시켜 주는 존재인 무당과 그 주술을 믿는 샤머니즘, 육체는 죽어 없어져도 영혼은 없어지지 않는다고 믿는 '영혼 불멸 신앙' 등이 나타났어요.

신석기 시대 사람들도 예술 활동을 했어요. 대표적인 예술품으로는 흙으로 빚어 구운 얼굴 모습이나 동물의 모양을 새긴 조각품, 조개껍데기에 구멍을 뚫어 만든 가면, 조가비 또는 짐승의 뼈나 이빨 등으로 만든 일종의 장신구인 치레걸이 등이 있지요.

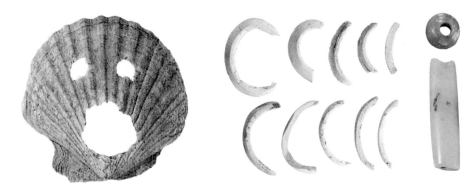

❙ **조개껍데기 가면(좌), 치레걸이(우)** 신석기 시대 사람들의 대표적 예술품이다.

청동기 문화와
고조선의 성립

　신석기 시대가 끝날 무렵부터 남아도는 생산물을 둘러싸고 가진 자와 못 가진 자 사이에 갈등이 발생하기 시작했어요. 이 과정에서 계급이 생겨났어요. 구석기 시대와 신석기 시대를 거치며 이어진 평등한 공동체 사회에 큰 변화가 나타난 거예요. 이 갈등에서 승리한 사람은 점차 세력을 확대해 부족을 이끄는 지배자가 되었어요. 지배자는 부족장, 즉 군장이 되어 부족을 다스리는 한편 부족민을 이끌고 이웃 부족으로 쳐들어가 재물을 빼앗거나 농토를 차지했지요. 이때 싸움에서 진 부족은 다른 부족의 노예가 되기도 했답니다.

　당시의 군장들은 주로 구리와 주석을 섞어 만든 청동으로 무기를 제작해 사용했어요. 이처럼 청동이 사용되었던 시기를 청동기 시대라고 불러요. 우리나라의 청동기 시대는 만주 지역의 경우에는 대략 기원전 20세기경에, 한반도의 경우에는 기원전 15세기경에 시작되었지요. 함경도에서부터 전라도 지역까지 한반도 전체에 걸쳐 청동기 시대의 유물이 광범위하게 출토되고 있는 것으로 보아 청동이 흔했을 것으로 오해할 수도 있겠지만 당시 청동은 아무나 가질 수 있는 것이 아니었어요. 청동의 원료인 구리를 쉽게 구할 수 없었거든요. 따라서 청동은 가장 강력한 힘을 가진 사람만이 소유할 수 있었고, 무기, 제사 도구, 장신구 등 극히 제한된 분야에만 사용되었어요.

▌**비파형 동검** 중국의 청동검과 달리 칼과 자루를 따로 만들어 조립하도록 되어 있다. 경상북도 청도에서 출토되었다.

▌**거친무늬 거울** 비파형 동검과 함께 만주와 한반도에 널리 분포되어 있는 청동기 시대의 대표적인 유물로, 평안남도 성천에서 출토되었다.

비파형 동검과 거친무늬 거울은 만주와 한반도에 널리 분포되어 있는 청동기 시대의 대표적인 유물이에요. 중국 악기인 비파와 모양이 비슷하다고 해서 비파형 동검이라 불리는 이 칼은 칼날 중앙부에 돌기가 있고 칼날과 손잡이를 따로 만든 다음에 이를 조립해서 사용했다는 특징이 있어요. 거친무늬 거울은 청동 거울 표면에 거칠고 굵은 선의 문양이 새겨져 있지요.

청동기 시대의 토기는 미송리식 토기, 민무늬 토기, 붉은 간토기가 주로 만들어졌어요. 이 중에서 평북 의주 미송리 동굴에서 처음 발굴된 미송리식 토기는 비파형 동검, 고인돌 등과 함께 고조선 문화권의 범위를 알려 주는 중요한 유물이에요. 이 유물들을 통해 고

▌**미송리식 토기** 평안북도 의주 미송리 동굴에서 처음 발견된 토기로 항아리 양쪽 옆에 손잡이가 달려 있다.

조선의 문화를 공유하는 지역이 만주와 한반도 북부에 이르렀다는 것을 짐작할 수 있어요.

청동기 시대에 들어 본격적으로 농업이 발달하면서 생산물 중 남는 것, 즉 잉여 생산물이 늘어났어요. 일부 세력이 이 잉여 생산물을 독점하면서 내 것과 네 것을 구별하는 사유 재산의 개념이 생겨났지요. 점차 빈부의 차이가 발생하면서 힘의 우열도 나뉘었어요. 우월한 경제력은 그만큼의 권력을 의미했거든요.

청동기 시대에는 금속제 무기의 사용으로 정복 전쟁이 시작되었어요. 전쟁에서 승리한 집단은 노예나 토지 등을 얻어 경제적 부를 축적했지요. 농업의 발달과 정복 전쟁 등으로 인해 빈부의 차이는 계속 커졌고 계급은 분화되어 갔어요. 계급은 죽은 뒤에도 영향을 끼쳤는데, 이를 잘 보여 주는 것이 군장의 무덤인 고인돌이에요. 고인돌은 굄돌 몇 개를 적당한 간격으로 세운 다음, 그 위에 덮개돌을 씌우고 돌 아래 땅속에 시체를 묻은 무덤으로, 만주와 한반도 곳곳에서 발견되고 있었어요. 그 모양에 따라 탁자식과 바둑판식으로 구분할 수 있지요.

▌**탁자식 고인돌** 비교적 넓고 평평한 굄돌을 땅 위에 세워 네모난 상자 모양의 방을 맞춘 다음, 바닥에 시체를 안치하고 그 위에 덮개돌을 덮는다.

▌**바둑판식 고인돌** 땅 밑에 무덤방을 만들고, 네다섯 개의 작은 굄돌을 놓은 뒤 두꺼운 덮개돌을 올렸다.

고인돌의 규모나 *껴묻거리를 살펴보면 당시에 상당한 권력을 가진 지배층이 존재했음을 알 수 있어요. 강화도 부근에서 발견된 고인돌은 덮개돌 하나의 무게만 해도 40톤 가까이 되는데, 이는 오늘날의 대형 화물 트럭 열 대 정도가 있어야 운반할 수 있는 무게예

▌**반달 돌칼** 청동기 시대에 널리 사용된 수확용 도구로 반달 모양의 석기이다.

요. 이 무거운 덮개돌을 옮기기 위해 성인 남자 500명 정도가 필요하다고 했을 때 그 가족의 수까지 고려하면 이 고인돌은 적어도 수천 명을 지배했던 족장(군장)의 무덤이라는 것을 추측할 수 있어요. 이러한 고인돌이 만주와 한반도 전역에서 발견된다는 것은 청동기 시대에 만주와 한반도 지역에 족장(군장)이 다스리는 사회가 존재했다는 것을 의미하지요.

청동기 시대의 군장은 제사와 같은 종교 의식을 주관하며 권위를 높이는 한편 자신을 하늘의 자손이라 내세우며 주변 부족을 통합해 갔어요. 일부 규모가 커진 부족은 국가로 발전했지요. 고조선은 이 시기에 출현한 우리 역사상 최초의 국가랍니다.

청동기 시대에도 신석기 시대와 마찬가지로 조, 보리, 콩, 수수 등의 밭농사가 중심을 이루었지만, 일부 저습지에서는 벼농사가 이루어지기도 했어요. 사냥이나 고기잡이 등 자연에 의존하는 수렵 활동도 여전히 계속되었지만 그 비중은 점차 줄고, 목축이 크게 번성했지요.

이 시기의 중요한 변화 중 하나는 남성과 여성의 역할이 나뉘어졌다는 거예

껴묻거리 장사 지낼 때, 시체와 함께 묻는 물건을 통틀어 이르는 말

요. 남성은 농사나 전쟁 등의 생산 활동이나 바깥일에 주로 종사한 반면 여성은 집안일을 맡아 했지요. 점차 남성의 경제적인 지위가 높아지면서 남성 중심의 가부장적인 가족 제도가 형성되었어요.

청동기 시대는 기원전 5세기경에 철기가 보급되면서 변화하기 시작했어요. 구하기 힘들어 제한된 용도로만 사용하던 청동과 달리, 철은 만주와 한반도의 여러 지역에서 어렵지 않게 구할 수 있었어요. 재료를 쉽게 구할 수 있으니 제작 기술만 익히면 철로 도구를 만드는 것은 그리 어려운 일이 아니었지요. 철은 청동에 비해 아주 단단했기 때문에 많은 사람들이 철을 사용했어요. 본격적인 철기 시대가 시작된 거예요.

철기 시대 사람들은 무기뿐 아니라 농기구까지 철로 만들었어요. 단단한 철제 농기구는 돌이나 나무로 만든 도구에 비해 힘을 절약해 주어 작업 능률을 높여 주었거든요. 철제 농기구를 사용함으로써 농업 생산력도 증대되었지요.

철기 시대에는 무기와 농기구를 전문적으로 제작하는 기술자가 등장할 정도로 수공업이 활기를 띠었어요. 이에 따라 지역과 지역, 국가와 국가 사이의 물자 교류도

▌**명도전(좌) 반량전(우)** 중국의 연나라와 진나라에서 사용되던 화폐로, 명도전은 평안북도 위원 용연동에서, 반량전은 경상남도 사천 늑도에서 출토되었다.

▌**철제 농기구** 철로 만든 농기구를 사용하면서 농업 생산력이 비약적으로 늘어났다.

■ **붓** 철기 시대에 이미 중국에서 한자가 사용되었음을 알 수 있다. 경상남도 창원 다호리에서 출토되었다.

■ **세형동검** 대부분 한반도 안에서만 출토되고 있어 한국식 동검으로 불린다.

■ **거푸집** 청동 제품을 만드는 틀로, 청동기를 직접 만들었음을 보여 준다.

확대되었지요. 중국의 연나라와 진나라에서 사용되던 명도전과 반량전 등의 화폐가 우리나라에서도 발견된 것은 철기 시대에 이미 우리나라와 중국 사이에 무역이 이루어지고 있었음을 알려 주는 증거예요. 이 밖에 경남 창원 다호리 유적지에서 출토된 붓도 철기 시대에 이미 중국에서 한자가 들어와 사용되고 있었음을 알려 주지요.

철기 시대에도 청동기 문화는 없어지지 않았어요. 오히려 더욱 발달했지요. 제사 의식에 사용되는 도구들은 여전히 청동으로 제작되었고 비파형 동검은 날씬한 모양의 세형동검으로 바뀌었어요. 한반도 안에서만 발견되어 한국식 동검이라 불리기도 하는 세형동검은 한반도 곳곳에서 발견되는 거푸집과 함께 한반도에서 독자적인 청동기 문화가 발달했음을 보여 주는 증거예요. 한편 거친무늬 거울은 세련된 잔무늬 거울로 발전했답니다.

철기 시대에는 널무덤과 독무덤이 만들어졌어요. 널

■ **잔무늬 거울** 청동기 시대 후기, 철기 시대 초기의 청동 거울. 전라남도 화순에서 출토되었으며, 국립중앙박물관에 소장되어 있다.

널무덤(상) 목관에 시체를 넣고 그 위에 흙을 쌓아 올린 형태의 무덤으로 경상남도 창원에서 발견되었다.

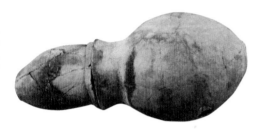

독무덤(하) 타원형의 항아리에 시체를 넣어 땅에 묻는 무덤으로 충청북도 공주에서 발견되었다.

무덤은 땅에 구덩이를 파고 시체를 직접 묻거나 목관에 시체를 넣고 그 위에 흙을 쌓아 올린 형태의 무덤이예요. 그리고 독무덤은 큰 독이나 타원형의 항아리에 시체를 넣어 땅에 묻는 형태의 무덤이지요.

고려의 승려인 일연이 쓴 《삼국유사》에는 단군이 고조선을 건국했다는 이야기가 기록되어 있어요. 우리 민족은 이를 근거로 고조선이 우리나라에 처음으로 세워진 국가이며 단군은 우리 민족의 시조라고 생각하지요. 오늘날의 관점에서 보면 단군의 고조선 건국 이야기는 허황되게 느껴지는 부분이 많지요? 하지만 단군의 고조선 건국 이야기는 단순히 꾸며 낸 이야기가 아니라 당시의 사회와 문화를 짐작할 수 있는 소중한 사료라는 것을 알아야 해요.

신석기 시대 말기에 곰을 숭배하는 부족과 호랑이를 숭배하는 부족이 살고 있었다. 어느 날 청동 무기로 무장한 환웅과 그 부족이 쳐들어왔다. 그들은 스스로를 하늘의 자손이라 일컬으며 자신들을 따르라고 했다. 호랑이를 숭배하는 부족은 강하게 저항했으나 우세한 무력을 지닌 환웅의 부족에게 정복당하고 말았다. 반면 곰을 숭배하는 부족은 환웅에게 항복하고 충성을 맹세하며 부족장의 딸을 바쳤다. 결국 환웅의 부족과 곰을 숭배하는 부족이 함께 나라를 건국했는데, 그 나라가 바로 고조선이다.

환웅과 곰을 숭배하는 부족의 여인 사이에서 태
어난 것으로 추측할 수 있는 단군의 본래 호칭은 단
군왕검이에요. 여기서 '단군'은 하늘에 제사를 지내
는 제사장을, '왕검'은 왕 또는 정치적 지배자를 뜻해
요. 그러니까 '단군왕검'은 제사와 정치를 함께 담당
하는 최고의 지도자를 의미하지요. 결국 단군왕검은
한 사람을 가리키는 것이 아니라 제1대 단군왕검, 제
2대 단군왕검처럼 최고 지도자에게 붙던 호칭이라는
것을 알 수 있어요.

고조선은 청동기 문화를 바탕으로 점차 정치와 문
화를 발전시키며 세력을 확장했어요. 기원전 4세기
경에는 요령 지방을 중심으로 만주와 한반도 북부를
잇는 넓은 지역을 통치하는 국가로 발전했지요.

▌**단군왕검** 고조선을 건국한 단군왕검의 모습.
'단군'은 하늘에 제사를 지내는 제사장을, '왕검'
은 왕 또는 정치적 지배자를 뜻한다.

진(秦)나라에 이어 한(漢)나라가 중국 대륙을 통일한 뒤 고조선 서쪽에 있는
옛 연나라 지역까지 지배했어요. 이 과정에서 정치적 혼란이 발생하자 위만은
1000여 명의 무리를 이끌고 고조선으로 들어왔어요. 위만은 당시 고조선의 왕
이었던 준왕에게 자신들의 무리를 고조선 영토 안에서 살게 해 달라고 부탁했
어요. 이에 준왕은 위만을 믿고 관직을 주어 고조선의 서쪽 국경 지역을 수비하
게 했어요. 그러나 위만은 이곳에서 자신의 세력을 키워 기원전 194년에 수도인
왕검성으로 쳐들어가 준왕을 몰아내고 스스로 왕이 되었어요. 역사가들은 이를

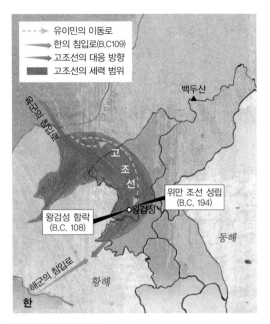

┃한나라의 고조선 침략

단군이 세운 조선과 구분해 위만 조선이라고 불러요.

그런데 위만은 고조선으로 들어올 때 상투를 틀고 조선인의 옷을 입고 있었어요. 그리고 왕이 된 뒤에도 나라 이름을 그대로 조선이라 하였고, 당시 고위 관리들 중에는 고조선 사람들도 많았어요. 따라서 위만 왕조의 고조선은 단군의 고조선을 계승한 것으로 본답니다.

위만 조선은 철기 문화를 본격적으로 받아들이며 주위의 여러 부족을 통합하고 세력을 확장해 나갔어요. 또 한반도 남부 지방에 위치한 진(辰)의 여러 소국과 한나라 사이에서 중계 무역을 하면서 경제적으로도 부강해졌어요.

한편 고조선이 점차 강대해지자 불안감을 느낀 한나라가 육지와 바다 두 갈래 길로 대규모 병력을 보내 고조선을 침략했어요. 하지만 고조선은 랴오허 강 동쪽인 요동 지방의 패수에서 한나라군을 크게 물리쳤고, 그 후에도 약 1년 동안 한나라군에 맞섰어요.

하지만 전쟁이 장기간 계속되면서 고조선의 지배층이 분열하기 시작했어요. 전쟁을 계속하자는 의견과 강화를 맺자는 의견이 팽팽하게 대립했지요. 그러던 중 당시 고조선의 왕이던 우거왕(위만의 손자)이 강화를 주장하던 이들에 의해 암살당했어요. 이후에도 신하들이 끝까지 한나라에 맞서 싸웠으나 왕검성은 한나라군에 함락당했어요. 결국 기원전 108년에 고조선은 결국 멸망하고 말았어요.

한나라는 고조선을 다스리기 위해 낙랑군, 임둔군, 현도군, 진번군이라는 네 개의 행정 구역을 설치했어요. 이것을 '한사군'이라고 불러요. 이후 한사군은 고조선 유민들의 강력한 반발에 부딪혀 점차 세력이 약화되었어요. 이후 가장 오랫동안 남아 있던 낙랑군이 313년에 고구려의 공격으로 멸망하면서 비로소 중국 세력은 우리 영토에서 완전히 쫓겨나게 되지요.

한편 고조선의 사회상을 엿볼 수 있는 자료로 8조법이 있어요. 8조법은 고조선을 다스리던 일종의 형법, 즉 범죄와 관련된 법률이에요.

사람을 죽인 자는 즉시 죽이고, 남에게 상처를 입힌 자는 곡식으로 갚는다. 도둑질을 한 자는 노비로 삼는다. 용서받고자 하는 자는 한 사람마다 50만 전을 내야 한다. 비록 용서를 받아 보통 백성이 되어도 풍속에 역시 그들은 부끄러움을 씻지 못해 결혼을 하고자 해도 짝을 구할 수 없다. 이러해서 백성들은 도둑질을 하지 않아 대문을 닫고 사는 일이 없었다. 여자들은 모두 정숙해 음란하지 않았다.

8조법 내용을 통해 당시 고조선 사람들이 생명을 중요하게 생각했다는 것을 알 수 있어요. 또한 사람을 다치게 해 농사를 짓지 못하게 할 경우 그에 대한 대가, 즉 노동력에 대한 대가를 지불하게 했음을 알 수 있지요. 이처럼 당시에는 노동력을 하나의 재산으로 여겼답니다. '도둑질을 한 자는 노비로 삼는다.'라는 내용은 고조선이 계급 사회이며 사유 재산을 인정했다는 것을 의미해요. 또 '여자들은 모두 정숙해 음란하지 않았다.'라는 내용을 통해서는 고조선 사회가 남성 중심, 즉 가부장 중심의 가족 제도를 갖추고 있었다는 것도 알 수 있지요.

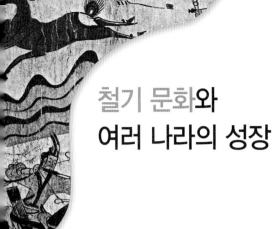

철기 문화와
여러 나라의 성장

철기 시대에는 만주와 한반도 일대에서 부여, 옥저, 동예, 마한, 변한, 진한 등의 여러 나라가 등장하기 시작했는데, 이들을 초기 국가라 부릅니다. 이 중 부여는 고조선이 멸망하기 직전인 기원전 2세기경에 북만주의 쑹화 강 유역을 중심으로 건국되었어요.

부여는 다섯 개의 부족이 연합한 연맹 왕국 형태로 성장했어요. 왕이 직접 통치하는 중앙과 마가, 우가, 저가, 구가 등의 여러 가(加)들이 다스리는 네 개의 지역으로 이루어져 있었지요. 군장 출신의 고위 관리인 '가(加)'는 각자의 영역을 다스리며 나라를 통치하는 일에도 관여했어요. 나라 전체에 관련된 일은 왕이 여러 가들과 협의해 처리했어요. 그러다 보니 초기에는 왕권이 약해 큰 흉년이라도 들면

▌철기 시대의 여러 나라

그 책임을 물어 왕이 교체되거나 죽임을 당하기도
했어요. 한편 가축의 이름을 따서 지은 마
가, 우가, 저가, 구가 등의 관리들의 명칭
을 통해 부여가 목축을 매우 중요시했음
을 짐작할 수 있어요.

부여에서는 왕이 죽으면 껴묻거리와 함께
사람을 묻는 순장의 풍습이 있었어요. 또한
전쟁이 일어나면 소를 죽여 그 굽으로 길흉
을 점치는 풍습도 있었지요.

▌윷 윷놀이의 도, 개, 걸, 윷, 모는 각각 돼지, 개, 양, 소, 말
등의 동물을 가리킨다. 부여의 관직인 마가(말), 우가(소),
저가(돼지), 구가(개)에서 유래된 것으로 보기도 한다.

부여에서는 매년 12월에 영고라는 제천 행
사를 열어 하늘에 제사를 지내고 추수에 감사했어요. 영고가 진행되는 기간에
는 죄인에 대한 처벌과 투옥을 금하고 죄수들을 놓아 주기도 했어요. 보통 다른
농경민들이 10월에 제천 행사를 열었던 것과 달리 사냥을 주로 하던 수렵민의
전통을 이어받은 부여는 12월에 행사를 치렀어요.

부여의 법률은 고조선의 8조법과 비슷했어요. 살인자는 사형에 처하고 그 가
족은 노비로 삼았으며, 남의 물건을 훔쳤을 때는 물건 값의 12배를 배상하게 했
지요. 이를 통해 부여가 사유 재산을 중요하게 여겼다는 것을 알 수 있어요. 부
여에는 간음한 자와 질투가 심한 부인을 사형에 처한다는 법이 있었는데 이 법
이 여성에게만 적용된 것으로 보아, 부여 역시 고조선과 마찬가지로 가부장적
가족 제도가 발달했음을 알 수 있어요.

우리나라 역사상 가장 넓은 영토를 가졌던 나라는 고구려예요. 하지만 고구려
도 처음에는 조그마한 소국에서 출발했답니다.

무용총 수렵도 사냥하는 고구려인의 기상을 엿볼 수 있다.

고려 때 김부식이 지은 《삼국사기》에 따르면 기원전 37년에 부여에서 이주민을 이끌고 내려온 주몽이 압록강 유역의 졸본에서 토착민과 연합해 고구려를 세웠다고 해요. 중국 역사서에 "고구려 사람들은 산골짜기에 살면서 산골 물을 마신다. 좋은 농토가 없어 비록 힘써 경작하나 식구들의 생활에 부족하다."라고 기록되어 있는 것처럼 고구려는 대부분 큰 산과 깊은 계곡으로 이루어진 산악 지대여서 농사짓기에 적합하지 않았어요. 그래서 식량이 부족했던 고구려는 일찍부터 주변 지역을 정복해 먹을 거리를 빼앗는 정복 활동을 활발히 전개해 나갔어요. 이에 따라 집집마다 '부경'이라는 창고를 만들어 정복 활동에서 획득한 물품과 식량 등을 보관했지요. 당시 중국인들은 고구려인들을 힘이 세고 전투에 능하며 사나운 성격으로 묘사하곤 했어요. 이로 보아 중국이 군사력이 뛰어난 고구려를 위협적으로 느꼈던 것 같아요.

고구려도 부여와 마찬가지로 연맹 왕국 단계를 거쳤어요. 세력이 큰 군장 출신의 고위 관리인 대가들은 사자, 조의, 선인이라는 독립된 관리들을 거느리고 왕 못지않은 힘을 자랑했지요. 대가들은 제가 회의를 열어 나라의 중대사를 결정하고, 큰 죄를 지은 범죄자를 처벌했어요.

고구려 사람들은 서옥제라는 혼인 풍습에 따라 신랑이 신부의 집에 일정 기간 머물다가 자식이 다 큰 후에야 가정을 이루었어요. 그리고 건국 시조인 주몽과 그 어머니인 유화 부인을 조상신으로 섬겨 제사를 지냈지요. 10월에는 동맹이라는 제천 행사를 성대하게 열었어요.

　옥저와 동예는 동해안 쪽에 치우쳐 있었어요. 옥저는 오늘날의 함경도 지역에, 동예는 오늘날의 강원도 북부 지역에 위치해 있었지요. 지리적으로 열악했던 두 나라는 선진 문화를 일찍부터 받아들이지 못했어요. 게다가 고구려의 압박으로 정치적으로도 성장하지 못한 채 군장 국가의 단계에 머물러 있었어요. 각 읍락을 다스리던 군장인 '읍군' 또는 '삼로'가 더 큰 정치 세력으로 성장하지 못하면서 두 나라에는 왕의 칭호를 사용하는 지배자가 없었어요. 그러다 결국 두 나라 모두 고구려에 편입되고 말았지요.

　옥저와 동예는 정치적으로는 비슷했지만 각기 다른 풍습과 전통을 가지고 있었어요. 옥저에서는 민며느리제라는 혼인 풍습에 따라 장래에 며느리로 삼을 어린 여자아이를 남자 집에서 미리 데려와 키웠어요. 그러다 그 아이가 성장하면 여자 집에 예물을 지불하고 혼례를 올렸지요. 일종의 매매혼인 셈이었어요. 또 가족이 죽으면 시신을 임시로 묻어 두었다가, 나중에 그 뼈를 추려

┃**동예의 집터** 동예 사람들이 거주하던 집의 집터로, 강원도 강릉에서 발굴된 철(凸)자형 집터이다.

서 가족 공동 무덤에 매장하는 장례 풍습을 가지고 있었어요.

동예는 단궁이라는 활과 키가 작은 조랑말의 일종인 과하마, 바다표범의 가죽인 반어피 등의 특산물로 유명했어요. 매년 10월에는 무천이라는 제천 행사를 열어 제사를 지냈고, 족외혼의 풍습을 가지고 있었지요. 또 다른 부족의 영역을 함부로 침범했을 때는 책화라는 벌칙에 따라 노비나 소, 말 등을 배상해야 했답니다.

만주와 한반도 북부 지역에서 고조선이 발전하고 있을 무렵, 한반도 남부 지역에서는 고조선보다 늦은 시기에 진(辰)이라는 나라가 등장했어요. 안타깝게도 이 나라에 대해서는 알려진 것이 거의 없어요. 다만 고조선에 정치적인 변동이 생겨 유이민들이 대거 진으로 내려왔는데, 위만에게 왕위를 빼앗긴 준왕도 이때 내려왔다고 전해질 뿐이지요.

유이민들이 철기 문화를 가지고 내려온 덕에 한반도 남부 지역에도 철기 문화가 보급되었어요. 이를 바탕으로 마한, 변한, 진한의 연맹체 국가가 성립했는데, 이 세 나라를 합쳐 삼한이라고 불러요.

마한은 54개, 변한과 진한은 각각 12개의 각기 독립적인 여러 부족 혹은 소국들로 이루어져 있었어요. 소국의 수가 많고 기름진 평야 지대를 많이 갖고 있던 마한의 세력이 가장 컸지요. 마한의 소국 중 하나였던 목지국의 지배자가 마한 왕 또는 진 왕으로 추대되어 삼한 전체를 이끌었어요. 그밖에도 세력의 크기에 따라 신지, 읍차 등의 군장이 있었지요.

삼한의 가장 큰 특징은 제사와 정치가 분리되어 있었다는 점이에요. 소도와 천군의 존재가 그 증거랍니다. 소도는 천군이라 불리는 제사장이 농사와 제사를 주관하며 백성들을 다스리던 특별한 땅이에요. 아주 신성한 곳으로 여겨져 설령 죄인이 도망쳐 와도 군장이 잡으러 들어갈 수 없었지요. 제정일치 사회였던 고조선과는 차이가 느껴지지요?

평야가 많아 일찍부터 벼농사가 발달했던 삼한은 씨뿌리기가 끝나는 5월과 추수가 끝난 10월에 하늘에 제사를 지냈어요. 철이 많이 생산된 변한은 낙랑과 왜(일본) 등으로 철을 수출했을 뿐 아니라 쇠덩어리를 화폐처럼 사용하기도 했어요.

이후 마한에서는 백제가, 진한에서는 훗날 신라로 성장하는 사로국이 주도권을 차지했어요. 변한에서는 여러 소국이 모여 가야 연맹을 이루었지요.

▌**솟대** 솟대는 새 모양으로 조각한 나무를 장대 끝에 꽂아 세운 것으로, 마을의 수호신이나 성스러운 지역의 경계를 상징한다. 고대 사회에서 새는 하늘과 사람을 이어 주는 존재로 여겨졌는데, 이러한 솟대는 삼한의 소도와 관련된 것으로 보인다.

중국과 일본의
건국 신화

단군의 고조선 건국 신화에는 하늘의 자손이 인간 세상으로 내려왔다는 천손 강림 신앙이 내재되어 있어요. 이러한 건국 신화는 동아시아 지역에 널리 분포되어 있는 형태로 중국과 일본 역시 마찬가지랍니다.

《사기》를 비롯한 중국의 역사책에는 중국인들이 조상으로 생각하는 삼황오제가 등장해요. 삼황은 대체로 복희, 신농, 여와를, 오제는 황제, 전욱, 제곡, 요, 순을 가리키지요. 이 중 복희는 우주의 8가지 요소를 도형으로 나타낸 8괘를 만들고 그물을 발명해 물고기 잡는 법을 가르쳤다고 해요. 여와는 사람을 창조했고, 신농은 사람들에게 농사짓는 법을 알려 주었지요.

이후 신농의 지배 말기에 황제가 군사를 이끌고 봉기해 왕위에 올랐어요. 중국의 중심인 황하 지역을 다스려 이름도 '황제'라고 지은 그는 계절과 기후를 연구해 사람들에게 곡식을 심게 하고, 집을 짓는 법과 수레를 만드는 법 등을 가르쳐 주었어요. 황제의 뒤를 이어 전욱, 제곡, 요 등이 차례로 중국을 다스렸지요.

일본의 건국 신화에는 이자나기라는 신이 등장해요. 이자나기가 마법의 창을 바다에 넣고 휘젓다 꺼내자 그 창끝에서 바닷물 몇 방울이 떨어져 일본 열도가 되었어요. 그는 이자나미라는 신과 결혼해 많은 섬과 신을 낳았어요. 양쪽 눈을 통해 각각 태양의 여신과 달의 여신을 낳고 코를 통해서는 바다의 신을 낳았지요.

태양의 여신인 아마테라스
오미카미는 동생이자 바다의
신인 스나노오미코토가 자꾸
말썽을 부리자 화가 나 동굴
에 숨었어요. 태양의 여신이
숨어 온 세상이 암흑으로 뒤
덮히자 다른 신들이 그녀를
밖으로 끌어내기 위해 작전
을 펼쳤지요. 동굴 앞에 거울
을 가져다 놓은 신들은 예능
의 신을 동굴 앞에서 춤추게

복희와 여와   이자나미와 이자나기

했어요. 아마테라스오미카미가 흥겨운 소리에 밖을 내다보자, 태양신보다 더 화
려하게 빛나는 여신 때문에 잔치를 열었다며 그녀를 밖으로 유도했지요. 거울에
비친 자신의 모습을 새로운 여신이라고 오해한 아마테라스오미카미가 새 여신의
얼굴을 자세히 보려고 몸을 앞으로 내미는 순간 신들은 동굴에서 그녀를 밖으로
끌어냈어요. 이로써 세상은 빛을 되찾게 되었지요.

일본의 이세 신궁에는 아마테라스오미카미가 보았다고 전해지는 거울이 있어
요. 그녀의 손자가 사람들을 다스리기 위해 이 거울과 옥, 검을 가지고 지상에
내려왔는데 일본의 초대 천왕인 진무가 그의 증손자라고 해요. 이처럼 한국, 중
국, 일본의 건국 신화에 따르면 단군과 황제, 진무는 모두 신의 후손이에요. 이
는 왕권을 뒷받침하는 현실적인 제도가 발전하지 못했던 당시 종교의 권위를 통
해 자신의 신성함을 드러내고, 숭배를 유도한 지배자들의 의도가 들어 있다고
할 수 있어요.

2장

삼국과 가야의 성립 그리고 발전

마한, 진한, 변한이 각기 백제, 신라 그리고 가야 연맹으로 재편성된 이후 고
구려, 백제, 신라는 강력한 왕권을 중심으로 영토를 확장하고 체제를 강화했
어요. 이 과정에서 삼국은 중앙 집권적 고대 국가로 발전했지요. 이제부터 삼
국 및 가야의 성립 과정과 발전 양상을 살펴보고, 이들 국가 사이에서 치열하
게 벌어졌던 경쟁에 대해 구체적으로 알아보도록 해요.

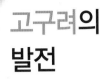

고구려의
발전

《삼국사기》에는 주몽이 고구려를 세운 시기가 기원전 37년으로 신라보다 20년 늦다고 기록되어 있어요. 그러나 신라 계승 의식을 갖고 있던 고려 시대 김부식의 생각과는 달리 실제로는 삼국 중 고구려가 가장 먼저 국가의 기틀을 정비했다고 알려져 있어요. 고구려의 첫 수도였던 졸본성은 오늘날 중국의 랴오닝 성 환인 부근에 위치해 있었어요. 졸본성에서 약 2킬로미터 떨어진 오녀산에는 아직도 고구려의 성터가 남아 있지요. 오녀산에 축조된 오녀산성은 삼국 시대에 가장 먼저 만들어진 석성으로, 험난한 지형을 이용해 방어력을 높인 성으로 평가받고 있어요.

▌**오녀산성** 해발 800미터에 위치한 천연의 요새로 깎아지른 절벽 위에는 넓은 공터와 우물이 있으며 고구려 때의 건물, 군사 기지, 창고 등의 터가 남아 있다.

고구려는 백성들을 보호하고 외적의 침입을 막기 위해 수많은 성을 쌓았어요. 이 성들은 고구려가 대제국으로 성장하는 데 있어서도 튼튼한 기반이 되었지요.

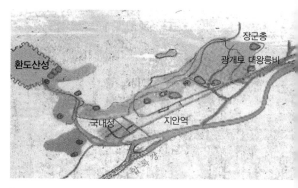

국내성 부근 유적 고구려의 수도는 평지성과 산성이 하나의 묶음으로 이루어져 있다.

고구려는 초기에 정치적 주도권을 장악한 계루부를 포함해 소노부, 절노부, 순노부, 관노부 등 총 다섯 개의 부족이 서로 연맹을 맺으며 발전했어요. 다섯 개의 연맹체라고 해서 5부 체제라고 부르기도 하지요. 이때 부족장들은 각각 독자적인 세력을 형성하고 있었어요.

유리왕은 기원후 3년에 고구려의 수도를 졸본성에서 압록강 주변의 국내성으로 옮겼어요. 압록강 근처는 백두산의 산줄기가 천연의 요새를 만들어 주어 외적을 방어하기에 좋고, 다른 지역으로 세력을 넓히기에도 유리한 곳이었지요. 게

국내성(좌) 환도산성(우) 국내성은 평지성(평지에 둘러쌓은 성)으로 일상생활을 하는 수도의 기능을 했고, 환도산성은 외적의 침략이 있을 때 그곳으로 옮겨 가 방어를 하는 기능을 했다.

다가 넓은 들판과 압록강이 있어 도읍지로 아주 안성맞춤이었어요.

제6대 왕으로서 1세기 후반부터 2세기 전반까지 고구려를 통치한 태조왕은 왕위에 있으면서 옥저를 정복하고 랴오허 강 동쪽 지역에 위치한 요동 지방으로 진출하는 등 적극적인 정복 활동을 벌였어요. 흔히 '태조'라는 이름은 나라를 세운 왕을 뜻하는데, 고구려의 태조왕은 비록 나라를 세우지는 않았지만 중앙 집권 국가의 기틀을 갖춘 업적을 기려 '태조왕'이라고 부른답니다. 태조왕은 계루부의 고씨 출신만 왕위를 물려받을 수 있도록 정하고 고구려가 실질적인 국가의 모습을 갖추도록 기반을 마련했어요.

2세기 후반에 고국천왕이 왕위에 오르며 고구려의 왕권은 더욱 안정되었어요. 고국천왕은 부족적인 성격을 지녔던 기존의 5부를 중앙, 동, 서, 남, 북의 방향을 가리키는 행정적 성격의 5부로 개편하고 왕위를 형이 동생에게 물려주는 대신 아버지가 아들에게 물려주도록 했어요. 이는 이전에 비해 왕권이 강해졌다는 것을 의미하지요. 또한 당시의 부족장들은 더 이상 왕과 대등한 관계가 아니었어요. 그들은 중앙 귀족의 신분으로 왕 아래에 편입되었지요. 고구려는 강력한 왕권을 바탕으로 점차 중앙 집권 국가로 자리 잡았어요.

고국천왕 13년에 *국상으로 추대된 을파소는 타고난 정치력으로 왕의 신임을 받았어요. 을파소의 건의로 백성들이 굶주릴 때 곡식을 빌려 주고, 추수한 다음에 곡식을 돌려받는 진대법이 처음으로 실시되었지요.

고구려는 점차 발전해 4세기 초 미천왕 때에는 요동 지방에 대한 공격을 강화해 북쪽으로 영토를 넓히고, 대동강 유역의 낙랑군을 공격해 남쪽까지 그 세력을 확장했어요. 그러나 4세기 중엽 고국원왕 때에는 큰 위기가 닥치기도 했지요.

국상 고구려에서 군국(군대와 나라)의 사무를 맡아 보던 으뜸 벼슬아치 중국 전연의 침입으로 수도인 국내성이 함락된 데 이어 백제의 공격으로 평양성에서 전투를 치르던 중 고국원왕이 전사하고 말았거든요. 이러한 위기 상황에서 즉위한 소수림왕은 흐트러진 체제를 정비하는 데 힘을 쏟았어요. 중국 전진으로부터 불교를 받아들여 왕실의 권위를 높이고 백성들의 정신적 통일을 추구했지요. 소수림왕은 유학 교육 기관인 태학을 세워 인재를 양성하는 한편 율령을 반포해 통치 조직을 정비했어요. 이로써 고구려는 다시 도약할 수 있는 기반을 마련했지요.

▌**광개토 대왕릉비(좌)와 탁본(우)** 높이가 6.39미터나 되는 우리나라 최대 크기의 비로, 414년에 장수왕이 아버지인 광개토 대왕의 업적을 기념하기 위해 세웠다.

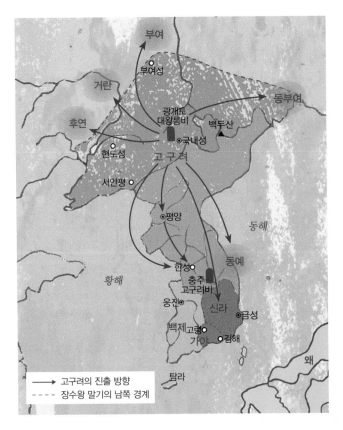

부여

부여성

거란

동부여

광개토
대왕릉비

후연

백두산

국내성

현도성

고 구 려

서안평

평양

동해

황해

한성

동예

충주
고구려비

웅진

신라

금성

백제고령

가야

김해

왜

탐라

→ 고구려의 진출 방향
---- 장수왕 말기의 남쪽 경계

▮5세기 고구려의 발전

　고구려에서 가장 뛰어난 업적을 남긴 왕으로 평가받는 광개토 대왕은 주로 만주의 요동 방면으로 영토를 확장하고자 했어요. 당시의 요동 지역은 동북아시아의 패권을 잡는 데 있어 상당히 중요한 곳이었어요. 그것은 요동 지역에서 철이 많이 생산되었기 때문이에요. 철기 시대에는 철을 많이 확보하는 국가가 막강한 국력을 소유할 수 있었기 때문이에요.

　오랫동안 요동 지역을 차지하기 위해 기회를 엿보던 고구려는 광개토 대왕 때 마침내 목적을 달성했어요. 이후 고구려는 요동 지역 정복에 힘입어 세력을 크게 확장할 수 있었지요. 광개토 대왕은 요동 지역을 정복하고 난 다음 동쪽으로는 숙신과 동부여를 제압하고, 남쪽으로는 백제를 공격해 임진강과 한강 상류 지역을 차지했어요. 그리고 신라를 도와 가야·왜 연합군을 격퇴하며 한반도 남부지역에도 영향력을 확대했지요.

광개토 대왕의 활발한 정복 활동 덕분에 고구려는 장수왕 때 이르러 전성기를 맞이했어요. 장수왕은 427년에 국내성에서 평양으로 수도를 옮겼어요. 국내성에 기반을 둔 귀족들의 세력을 약화시켜 왕권을 강화하고, 바닷길을 이용해 보다 적극적인 국제 교류를 펼치기 위해서였어요.

평양으로 천도한 이후 장수왕은 남쪽으로의 영토 확장을 계획하고 남하 정책을 본격적으로 추진했어요. 먼저 백제를 공격해 수도를 함락시킨 뒤 남한강 유역으로 진출했지요. 이로써 고구려의 세력 범위는 요동 지역에서부터 한반도 중부 지역까지 이르게 되었어요. 이러한 사실은 당시 고구려가 한반도 중부 지역을 차지한 뒤에 세운 충주 고구려비를 통해 잘 알 수 있어요. 비문에서는 고구려를 '태왕의 나라'로, 신라를 '고구려에 복속된 동쪽 오랑캐'로 기록하고 있는데, 고구려 왕이 신라 왕과 신하들에게 의복을 주었다는 내용도 담겨 있답니다.

적극적인 영토 확장의 결과 장수왕 말기 때 고구려는 요동 지역과 만주를 비롯해 한반도 대부분을 차지한 대제국으로 성장할 수 있었지요.

▌**충주 고구려비** 고구려가 5세기에 한반도 중부 지역을 차지한 뒤 세운 비석이다.

백제의
성립과 발전

　백제는 기원전 18년에 고구려에서 옮겨 온 사람들이 한강 유역의 위례성에 자리를 잡고 건국한 작은 소국에서부터 시작되었어요. 《삼국사기》에서는 백제의 건국 이야기를 다음과 같이 기록하고 있지요.

　백제의 시조 온조왕의 아버지는 추모 또는 주몽이라고 했다. …… 주몽은 아들 둘을 낳았는데 맏아들은 비류라 했고, 둘째 아들은 온조라 했다. 주몽이 북부여에서 낳은 아들이 찾아오자 태자로 삼았다. 비류와 온조는 태자에게 용납되지 못할까 두려워 오간, 마려 등 열 명의 신하와 더불어 남쪽으로 내려왔는데, 따르는 백성이 많았다. …… 비류는 미추홀로 가서 정착했다. 온조는 한수 남쪽의 위례성에 도읍을 정하고 열 명의 신하를 보좌로 삼아 이름을 십제라고 했다. …… 비류는 미추홀의 땅이 습하고 물이 짜서 편안히 살 수 없으므로 위례성에 가서 보니 도읍은 안정되고 백성도 평안해 마침내 부끄러워하고 후회하다가 죽었다. 그의 신하와 백성은 모두 위례성에 들어가 즐거이 온조를 따랐다. 이때부터 십제를 백제로 고쳤다. 백제의 계보는 고구려와 더불어 부여에서 같이 나왔기 때문에 부여를 성씨로 삼았다.

－《삼국사기》(김부식)

《삼국사기》를 통해 백제를 건국한 세력이 고구려에서 내려온 유이민 집단임을 알 수 있어요. 석촌동에 있는 백제 초기의 무덤이 고구려 초기의 고분 양식인 돌무지무덤 양식으로 만들어졌다는 사실은 온조의 백제 건국 이야기를 *고고학적으로 뒷받침해 주지요.

넓고 기름진 한강 유역에 자리를 잡은 백제는 식량을 안정적으로 확보하고 강력한 군대를 양성했어요. 한강과 황해로 이어지는 수로를 통해 중국과도 쉽게 교류할 수 있었던 백제는 다른 국가에 비해 선진 문화를 먼저 받아들일 수 있었지요. 이와 같은 지리적 이점을 바탕으로 백제는 빠르게 성장했어요.

▌**고구려의 돌무지무덤(상)과 백제의 계단식 돌무지무덤(하)** 두 무덤을 보면 고분 양식이 비슷하다는 것을 알 수 있다. 고분 양식은 쉽게 바뀌기 힘들다는 것을 생각해 보면 백제 건국 세력이 고구려 계통임을 짐작할 수 있다.

▌**풍납토성** 백제의 첫 수도인 위례성이 있던 곳으로 추정되는 서울 송파구의 풍납토성과 몽촌토성 일대의 모습이다.

고고학 유물과 유적을 통하여 옛 인류의 생활과 문화를 연구하는 학문

3세기 중엽 고이왕 때 이르러 백제는 낙랑군과 말갈족을 북쪽으로 밀어내고 한강 유역을 완전히 장악했어요. 그리고 중국에서 들여온 선진 문물을 바탕으로 정치 체제를 정비했지요. 백제는 마한의 소국 중 가장 강력했던 목지국을 정복해 한반도 중부 지방에 대한 영향력을 견고하게 다졌어요. 이 무렵 백제는 기존의 부족장 세력을 귀족으로 편입시키며 중앙에는 여섯 개의 좌평, 그 아래에는 16품을 두는 관등제를 마련했어요. 그러고는 관리의 서열을 옷 색깔로 나타내는 관복제를 실시했지요. 백제는 고이왕의 업적을 바탕으로 중앙 집권 국가의 토대를 닦고 고구려보다 약 100년이나 앞서 한반도의 주도권을 장악했답니다.

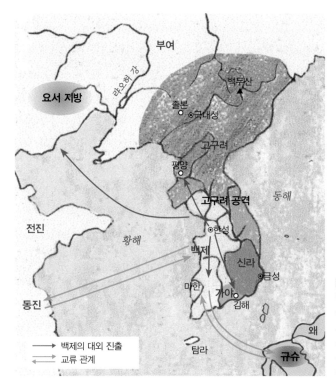

　■ 4세기 백제의 발전 백제는 고구려의 황해도 지역을 차지하면서 중국으로 가는 항로를 안정적으로 확보하였다. 백제의 랴오시(요서) 지방 진출 사실은 중국의 역사서에 기록되어 있으나 사실 여부에 대해 많은 논란이 있다.

4세기 후반에 백제는 삼국 중에서 가장 먼저 전성기를 맞이했어요. 이 전성기를 이끈 것은 바로 근초고왕이었지요. 근초고왕은 마한의 남은 영토를 정복해 지금의 전라도 지역을 차지하고 남해안까지 진출했어요. 그리고 남동쪽으로는 가야의 지배를 받고 있던 낙동강 유역의 소국들을 정복해 영향력을 확장했지요. 이어 북쪽으로 눈을 돌린 근초고왕은 지금의 황해도 지역 일부를 장악했어요. 그리고 고구려의 평양성을 공격해 고국원왕을 죽이기도 했어요.

근초고왕 때 백제가 차지한 영토는 오늘날의 경기도, 충청도, 전라도와 낙동강 중류 지역 그리고 강원도, 황해도의 일부 지역에 이를 만큼 엄청났어요. 근초고왕은 고구려의 광개토 대왕에 견줄 만한 뛰어난 정복 군주였답니다.

근초고왕의 대외 활동은 이것으로 끝이 아니었어요. 당시 백제는 확대된 영토와 교역로를 바탕으로 중국의 랴오시(요서) 지역과 산둥지역, 왜(일본)의 규슈 지방에까지 진출하여 활동 무대를 넓히고 국제적 위상을 높였어요.

근초고왕은 정복 활동을 통해 축적한 군사력과 경제력을 바탕으로 왕위의 부자 상속제를 확립했어요. 박사 고흥에게 명해 《서기》라는 역사책도 편찬하게 했어요. 그 밖에도 왕권을 강화하기 위해 힘을 기울인 근초고왕의 눈부신 활약 덕분에 한동안 백제는 강대국으로 자리매김할 수 있었답니다.

그러나 5세기에 고구려의 장수왕이 추진한 남하 정책은 삼국의 정세에 일대 변화를 가져왔어요. 백제의 개로왕은 장수왕이 보낸 고구려군의 공격을 받자 다급히 아들 문주(훗날 문주왕)를 신라로 보내 지원군을 요청했어요. 하지만 지원군이 도착하기도 전에 상황은 이미 종료되고 말았지요. 이 전쟁으로 백제는 수도를 포함해 한강 유역을 빼앗겼고, 수천 명의 백성들은 포로로 붙잡혔어요. 그리고 개로왕은 전사했지요. 이후 백제는 남은 세력들을 모아 지금의 공주 지역인 웅진으로 수도를 옮겼어요. 하지만 이미 백제 왕실의 권위는 크게 추락했고 국력 역시 쇠락하고 말았어요. 게다가 장수왕이 중국과 일본으로 통하는 해로마저 차단해 무역 활동이 침체되면서 백제는 총체적인 난관에 부딪혔어요.

대내외적으로 어려운 상황에서 즉위한 동성왕은 국력을 회복하기 위해 노력했어요. 신라 왕족의 딸을 왕비로 맞아 신라와의 관계를 강화했어요. 6세기 초 왕위에 오른 무령왕은 중국 남조의 양나라와 국교를 맺고 문화를 발전시키기 위해 힘쓰는 한편 지방의 중요 지역인 22담로에 왕족을 파견해 지방을 통제하고 왕권을 강화하기 위해 노력했어요.

백제가 예전의 영광을 되찾기 위해 본격적인 중흥 정책을 펼친 것은 6세기 중반, 성왕 때였어요. 성왕은 넓은 벌판과 강을 끼고 있어 농업, 수로, 교통 등에서 이점이 많은 사비로 수도를 옮기고 국호를 남부여라고 고쳤어요. 사비는 오늘날의 부여에 해당하는 지역이랍니다.

통치 체제를 정비한 성왕은 잃어버린 옛 영토를 되찾기 위해 신라의 힘을 빌리기로 했어요. 신라와 연합한 백제는 551년에 고구려를 기습 공격했어요. 그 결과 신라는 한강 상류 지역을, 백제는 한강 하류 지역을 차지하

〈양직공도〉에 그려진 백제 사신 〈양직공도〉는 6세기에 남조의 양나라를 방문한 각국 사신들의 모습을 그린 그림이다.

는 데 성공했지요. 당시 고구려는 왕
권이 약화되고 귀족 세력이 분열되
면서 정치가 불안정한 상태였기 때
문에 백제와 신라의 공격에 효율적
으로 대응할 수가 없었어요.

그러나 백제의 기쁨은 그리 오래
가지 못했어요. 553년에 신라가 동맹
을 깨뜨리고 백제를 공격해 한강 하
류 지역을 빼앗았거든요. 분노한 성
왕은 정예병을 동원해 신라를 공격
했어요. 이어 자신도 군사들을 독려

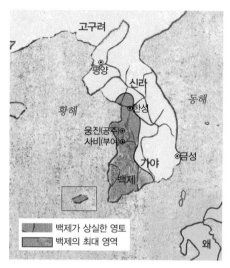

▌**백제의 수도 이전** 백제는 5세기 문주왕 때 웅진으로 수
도를 옮기고, 6세기 성왕 때 다시 사비로 수도를 옮겼다.

하기 위해 국경 지역에 있는 관산성으로 가는 도중에 매복해 있던 신라군에게
잡혀 목숨을 잃고 말았어요. 성왕의 죽음과 함께 백제 중흥의 꿈도 사그라지고
말았답니다.

신라의 성립과 발전

　한반도 북쪽과 서쪽에서 고구려와 백제가 일어나고 있을 즈음, 한반도의 동남쪽에서는 작은 나라들이 형성되고 있었어요. 그중 신라는 지금의 경북 경주 부근에 있던 여섯 마을이 모여 만든 사로국에서 출발했어요. 원래 청동기 시대부터 지금의 경주 지역에 살던 사람들과 철기를 사용하던 사람들이 모여 이룬 사로국은 각 마을의 대표인 촌장들이 각기 자신의 마을을 다스렸어요. 그러다 박혁거세가 등장하면서 나라의 모습을 갖추게 되었지요. 박혁거세가 신라를 세웠다는 기록은 《삼국사기》와 《삼국유사》 모두에 기록되어 있어요.

　시조는 성이 박씨이고 이름은 혁거세이다. 전한 효선제 오봉 원년(서기전 57년) 갑자년 4월 병진날에 즉위하고 거서간이라 불리었다. 2때 나이 13세였으며, 나라 이름을 서라벌이라고 했다. ……어느 날 고허촌장 소벌공이 양산 아래를 바라보았다. 나정 곁 숲에 말이 무릎을 꿇고서 울고 있었다. 달려가 보니 말은 간데없고 큰 알만 있었다. 알을 깨어 보니 어린아이가 나와 거두어 길렀다. 10여 세가 되자 모습이 당당하고 퍽 성숙했다. 여섯 마을 사람들은 이상하게 태어난 아이라고 해 임금으로 모시었다.

－《삼국사기》(김부식)

박혁거세의 이야기는 고구려의 주몽이 알에서 태어났다는 이야기와 유사해요. 하지만 박혁거세가 신라를 세우기 위해 영웅적인 활약을 펼치지 않았다는 점에서는 차이가 있지요. 그런데 알에서 태어났다는 이유로 여섯 마을의 촌장이 박혁거세를 왕으로 뽑았다는 것은, 신라가 정복 활동을 거쳐 세워진 나라가

❚ **경주 나정** 신라의 시조인 박혁거세의 탄생 전설이 깃든 우물. 경주 나정의 발굴 터이다.

아니라 여러 세력의 합의에 의해 세워진 나라라는 것을 의미해요.

신라 초기의 왕들은 박혁거세처럼 여러 세력이 의논해서 나라의 중요한 일을 결정했어요. 이는 귀족들이 합의를 통해 나라의 중대사를 결정하는 화백 회의로 이어졌지요. 화백 회의는 만장일치제로 운영되었으며 의장이라고 할 수 있는 상대등이 회의를 주관했답니다.

또한 박혁거세가 알에서 태어났다는 것은 그가 보통 사람과 다른 특별한 존재라는 것을 의미해요. 여기서 신라 건국자가 태어날 때부터 신성한 사람이었다는 것을 강조하고자 했음을 알 수 있지요.

여러 집단의 대표가 모여 왕을 뽑으면서 처음에는 박씨와 석씨, 김씨가 돌아가면서 왕이 되었어요. 사로국을 구성하고 있는 몇 개의 집단 중에서 가장 힘이

센 집단의 대표가 돌아가며 왕으로 선출되었던 거예요. 《삼국유사》에는 이와 관련된 재미있는 이야기가 기록되어 있어요.

신라의 두 번째 임금인 남해가 세상을 떠나자, 남해의 아들인 유리가 덕망이 높은 석탈해에게 임금의 자리를 양보했어요. 그러자 석탈해는 성스럽고 지혜가 많은 사람은 이가 많다고 하니 떡을 물어 그 떡에 새겨지는 이의 모양을 보고 이가 많은 사람이 왕이 되자고 했지요. 두 사람이 떡을 물어 보니 유리의 이가 더 많아 결국 유리가 신라의 세 번째 임금이 되었어요. 이때부터 왕을 '이사금'이라고 불렀답니다. 이 이야기는 박씨인 유리와 석씨인 탈해로 대표되는 두 집단이 왕을 결정하기 위해 고민하는 과정을 보여 주고 있어요.

사로국은 주변국들을 끌어들이며 점차 강한 나라로 성장했어요. 그러던 중 여러 집단의 대표가 번갈아 왕이 되면 강한 나라를 건설하는 데 한계가 있다는 것을 깨달았지요. 그즈음 김씨 집단 출신의 미추왕이 왕위에 오르면서 점차 김씨 집단이 사로국을 주도하기 시작했어요.

신라가 중앙 집권적 고대 국가로 발전한 것은 4세기 후반 내물왕 때예요. 이때부터는 이사금 대신 대군장을 뜻하는 마립간이라는 호칭을 썼지요. 당시 신라는 낙동강 동쪽 유역까지 영토를 확장해 진한 지역 대부분을 차지하고 있었어요. 또한 김씨에 의한 왕위 계승권이 확립되어 왕권이 전보다 강해졌지요.

사실 내물왕 이후 김씨의 왕위 계승권이 확립된 것은 당시 고구려의 정치적 압박 때문이었어요. 내물왕 때 신라는 가야·왜 연합군의 공격을 받아 국가적 위기를 맞이하자 고구려에 구원병을 요청했어요. 당시 고구려의 왕이던 광개토대왕은 5만 명의 군사를 보내 가야·왜 연합군을 격퇴했지요. 이후 고구려군은 한동안 신라에 머물면서 신라의 정치에 간섭하는 등 영향력을 행사했어요. 경주의 호우총에서 발견된 호우명 그릇 밑바닥에 새겨진 '광개토지호태왕'이라는 글씨는 당시 신라와 고구려의 긴밀한 관계를 증명해 주지요.

신라는 5세기 전반에 접어들며 고구려의 간섭에서 벗어나 자주성을 회복하기 위해 노력했어요. 당시에는 삼국 항쟁의 주도권이 고구려에 있었어요. 고구려 장수왕이 추진한 남하 정책은 신라는 물론, 백제에게도 큰 위협이었지요. 신라의 눌지왕은 백제의 비유왕과 군사 동맹인 나·제 동맹을 맺고 공동으로 고구려에 대응했어요. 이후 신라 소지왕 때에는 백제 동성왕과 결혼 동맹을 맺을 정도로 두 나라 사이의 관계는 긴밀해졌지요.

6세기에 들어 신라는 비약적인 발전을 이루었어요. 지증왕은 소를 이용해 농사짓는 방법인 우경을 널리 보급시켜 농업 생산력을 크게 향상시키는 한편 국력을 높이는 데도 힘을 쏟았어요. 장군 이사부를 보내 지금의 울릉도에 있던 우산국을 복속시키기도 했지요. 이때부터 우산국에 복속된 섬인 독도가 우리나라의

▌**호우명 그릇** 호우명 그릇의 바닥에는 '광개토지호태왕'이라고 새겨져 있는데, 호태왕은 고구려 왕을 높여 부르던 호칭으로 광개토 대왕으로 짐작된다.

영토가 되었답니다.

지증왕은 나라 이름을 '사로국'에서 '신라'로 고쳤어요. '신라'는 왕의 덕업이 날로 새로워져서 사방을 망라한다.'라는 뜻의 '덕업일신 망라사방'이라는 문구에서 한 글자씩 딴 것으로, 신라가 더 이상 작은 나라가 아님을 대외적으로 과시하기 위한 의도가 담겨 있었지요. 이어 지배자의 칭호도 마립간의 중국식 표현인 '왕'으로 고쳤어요.

지증왕의 뒤를 이어 왕위에 오른 법흥왕은 군사 업무를 담당하는 병부를 따로 설치해 군사 지휘권을 장악하고, 통치 질서의 확립을 위해 율령을 반포했어요. 이어 관리들의 복장인 공복을 제정해 상하 질서를 명확하게 구분했으며, 혈통에 따라 신분을 나누는 골품 제도를 정비하며 중앙 집권 체제를 갖추었지요. 법흥왕은 외래 종교인 불교를 공인해 왕권 중심의 지배 체제를 뒷받침하는 이념으로 삼았어요.

신라의 전성기는 법흥왕의 뒤를 이어 진흥왕이 신라를 통치하면서부터 본격적으로 시작되었어요. 6세기 중반에 즉위한 진흥왕은 화랑도를 국가적인 조직으로 개편해 인재를 양성하는 한편, 영토 확장에도 힘을 쏟았어

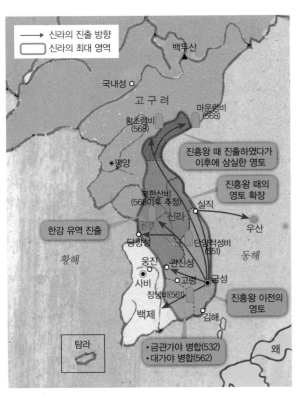

▌6세기 신라의 발전

요. 화랑도는 청소년으로 구성된 수양 단체로, 신라는 국가 발전에 이바지할 인재를 양성하기 위해 이 화랑도를 조직했어요. 이후 화랑도는 신라가 멸망할 때까지 유지되며 여러 차례 국가에 큰 공을 세웠습니다.

한강 유역을 차지하고 대가야를 정복해 가야 연맹을 무너뜨린 진흥왕은 다시 북쪽으로 눈을 돌려 함경도 지방까지 영토를 확장했어요. 진흥왕 때 한강 유역을 장악함으로써 신라는 이후 삼국 항쟁에서 주도권을 쥐게 되었답니다.

❚ **단양 신라 적성비** 고구려가 차지하고 있던 남한강 상류의 단양 적성을 빼앗은 후 그 지역의 백성을 위로하고자 세운 비이다.

❚ **진흥왕 순수비** 진흥왕이 새로 장악한 한강 유역을 살피며 북한산에 세운 기념비로, 현재 국립중앙박물관에 소장되어 있다.

가야의
성립과 발전

　삼국 시대라 하면 흔히 고구려, 백제, 신라만 알고 동시대에 한반도 남쪽에 있던 가야에 대해서는 잘 모르는 경우가 많아요. 하지만 가야는 수로왕이 나라를 세운 42년부터 562년까지 약 500년이 넘는 시간 동안 번성했던 나라랍니다.

　삼국이 고대 국가로 성장하기 전 낙동강 근처에는 작은 나라들이 연맹을 이루고 있었는데, 이 연맹체를 변한이라고 해요. 변한을 이루고 있던 열두 개의 소국 중 김해 지방에 있던 구야국은 가야의 뿌리로 추정되는 나라예요. '가라' 또는 '가락'이라고도 불리는 가야와 '구야'가 발음이 비슷하다는 점을 비롯해 가락국(금관가야)을 건국한 수로왕의 이야기가 김해 지방을 배경으로 하고 있는 것이 그 증거지요. 가야의 건국과 관련된 이야기는 《삼국유사》를 통해 확인할 수 있어요.

　9간들이 모두 기뻐하면서 노래하고 춤추었다. 얼마 뒤 자주색 줄이 하늘에서 내려와서 땅에 닿았다. 줄 끝을 찾아보니 붉은 보자기에 금빛 상자가 싸여 있었다. 상자 안에는 황금 알 여섯개가 있었다. 9간들이 놀라 절하고 상자를 싸 가지고 아도간의 집으로 돌아왔다. 열 사흘째 날 아침에 다시 모여 상자를 열어 보니 여섯 개의 알은 어린아이가 되어 있었다. 용모가 덩실하니 컸다. 모두 절을 하고 극진히 받들었다. 어린아이는 나날이 자라 십수 일이 지나자 키는 은나라 탕왕처럼 9척이 되었다. 얼굴은 한나라 고조, 눈썹은 당나라 요임금, 겹눈동자는 우나라 순임금과 같았다. 그달 보름에 맏이를 왕위에 추대하고 수로라 했다. 그가 곧 가락국 또는 가야국의 왕이며 나머지 다섯도 각각 다섯 가야의 임금이 되었다.

－《삼국유사》(일연)

수로왕이 등장하기 전까지 가야는 왕 대신 아홉 명의 '간'이라는 우두머리가 다스렸어요. 가야 사람들은 각 마을에서 9간의 지도 아래 농사를 지으며 살았지요. 가야 사람들은 매년 3월이면 풍년과 함께 물고기를 많이 잡게 해 달라고 기원하며 제사를 지냈어요. 이 의식은 구지봉이라는 곳에서 열렸는데, 사람들은 '거북아, 거북아, 머리를 내밀어라, 그렇지 않으면 구워서 먹으리.'라는 가사로 노래를 부르며 왕이 내려오길 기다렸어요.

가야의 건국 신화에 등장하는 여섯 개의 황금 알에서 탄생한 여섯 명의 아이들은 가락국, 대가야, 아라가야,

❙ **김해 구지봉의 기념물** 여섯 개의 황금알이 내려와 6가야의 왕이 된 것을 상징하는 기념물이다.

고령가야, 성산가야, 소가야 등 6가야의 조상을 의미해요. 이들로 인해 가야의 역사는 시작되었지요.

　가야가 건국되기 전 변한 지역에 있던 소국들은 다른 나라의 간섭을 받지 않는 독립국이었어요. 오늘날의 군 정도 크기에 해당하던 소국들은 서로 평화적인 관계를 맺거나 힘의 질서에 따라 순서를 정하기도 했지요. 그러면서 점차 힘이 센 소국이 약한 소국을 이끄는 연맹 형태를 띠게 되었어요.

　김해 지방에 위치해 있던 가락국, 즉 금관가야는 주변의 소국들을 통제하며 힘을 모았어요. 금관가야에서는 예전부터 철이 많이 생산되었는데 철은 농사짓는 도구와 무기를 만드는 중요한 재료였지요. 오늘날에는 김해가 간척 사업으로 내륙 지방이 되었지만, 당시에는 바다와 육지를 연결하는 낙동강 하구였기 때문에 배가 드나들 수 있었어요. 금관가야는 이처럼 풍부한 자원과 편리한 교통을 이용해 일찍부터 가야 연맹을 주도했어요. 바닷길을 통해 선진국의 문물을 제일 먼저 받아들인 덕분에 문화적인 기반도 탄탄했고요. 게다가 경상도 내륙 지역의 여러 나라와 왜 사이에서 중계 무역을 하며 이익을 축적해, 주변 소국들에 대한 통제력을 강화할 수 있었어요. 2~3세기경에는 주변의 소국들이 금관가야를 가야 연맹의 대표로 인정할 정도였지요. 이처럼 금관가야가 주도해 이끌던 초기의 가야 연맹을 전기 가야 연맹이라

▌**덩이쇠** 철 생산의 중간 소재인 덩이쇠가 옛 금관가야 지역에서 다량으로 출토되었다.

고 불러요.

가야는 신라와 힘을 겨루며 발전해 나갔어요. 낙동강을 사이에 두고 여러 차례 전쟁도 치렀어요. 가야가 이렇게 발전할 수 있었던 것은 철제 무기가 발달한 덕분이었어요. 당시 경남 지역에는 철을 생산하는 곳이 열일곱 군데 있었는데, 이 중 열세 곳이 김해 지역에 몰려 있었어요. 그 지역에 철이 풍부했다는 사실은 가야인의 무덤에서 발견된 많은 쇳덩어리들을 통해서도 알 수 있어요.

가야의 철제품 중에는 화살촉, 칼, 창뿐만 아니라 갑옷과 투구도 있어요. 말을 타는 기마병을 위해 철판을 가죽으로 엮어 만든 미늘 갑옷이나 말을 보호하기 위한 갑옷 그리고 투구 등은 가야의 뛰어난 철제 기술을 잘 보여 준답니다.

4세기 말에 금관가야를 중심으로 한 전기 가야 연맹은 왜와 연합해 신라를

▌**미늘 갑옷** 가야의 기마병들이 입던 갑옷으로, 철판을 가죽으로 엮어 만들었다. 국립부여박물관에 소장되어 있다.

▌**말 얼굴 가리개** 말과 관련된 도구는 북방 유목 민족이 사용하던 것으로, 가야와 북방 지역 간의 교류를 추측할 수 있다.

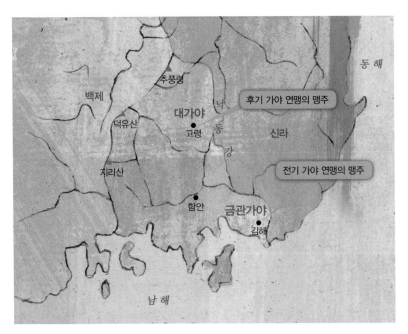

동해

추풍령

백제

대가야
고령
덕유산

낙
동
강

신라

후기 가야 연맹의 맹주

지리산

전기 가야 연맹의 맹주

함안

금관가야
김해

남해

┃가야 연맹

공격했어요. 초반에는 승승장구했으나 신라의 요청을 받은 고구려군의 등장으로 결국은 패배했지요. 이로 인해 전기 가야 연맹은 해체되었어요. 그리고 중심 세력이던 금관가야는 낙동강 서쪽 연안의 소국으로 전락하고 말았지요.

한동안 침체 상태에서 벗어나지 못하던 가야 연맹은 5세기 후반에 고령 지역의 대가야를 중심으로 후기 가야 연맹을 형성했어요. 대가야도 뛰어난 제철 기술을 바탕으로 활발한 활동을 펼쳤지요. 외교적 고립을 탈피하기 위해 중국 남조에 사신을 보내고, 신라와 결혼 동맹을 맺기도 하였지요.

그러나 가야 연맹은 내부의 소국들이 독자적인 정치 기반을 유지하며 연맹 왕국 단계에 머무르는 바람에 중앙 집권 국가로 성장하지는 못했어요. 그러다 보니 백제와 신라 사이에서 압박을 받았지요. 금관가야가 532년에 신라의 법흥왕에게 항복하자 위기를 느낀 대가야는 법흥왕에게 결혼 동맹을 맺자고 제안했어요. 이후 신라의 진골 출신 여인을 왕비로 맞아들이는 등 공을 들였지만 대가야는 신라로부터 큰 도움을 얻지는 못했어요. 게다가 백제의 성왕이 다른 가야 연맹들을 포섭해 간섭을 하면서 가야 연맹 내부에 분열이 일어났어요.

결국 후기 가야 연맹을 주도하던 대가야는 562년에 신라 진흥왕의 침략으로 멸망했어요. 이를 전후로 가야의 나머지 소국들도 결국 신라에 병합되어 가야 연맹은 역사 속으로 사라지고 말았지요.

┃ **지산동 고분** 경북 고령에 위치한 대가야의 고분으로, 봉분 직경이 200미터가 넘는 대형분과 10~15미터 가량인 중형분 등이 줄지어 분포해 있다.

일본의 역사 왜곡, 임나일본부설

왜가 4세기 후반에 한반도 남부 지역에 진출해 백제, 신라, 가야를 지배했고, 가야에는 '일본부'라는 기관을 설치해 6세기 중엽까지 직접 통치했다는 일본의 주장을 '임나일본부설'이라 해요. 오늘날 일본은 이처럼 황당한 주장을 교과서에까지 수록하며 우리나라에 대한 우월감을 조장하고 있어요.

임나일본부설은 일본이 과거에도 우리나라를 지배하고 이끌었다는 잘못된 인식을 심어 주어, 일본이 우리나라를 침략해 식민지로 삼은 사실을 정당화하는 도구로 사용되어 왔어요. 게다가 일본인과 한국인은 본래 같은 뿌리에서 태어났다는 '일선동조론'까지 펼치며 우리 민족과 우리의 문화를 일본에 동화시키려 했지요.

2010년 일본 고교 교사용 역사 자료에 실린 4세기 말의 한반도 남부 지역의 모습

일본에서 가장 오래된 역사책인 《일본서기》에는 일본이 369년부터 562년까지 약 200년간 한반도 남부를 지배했으며 그 중심 기관은 가야에 설치된 임나일본부였다고 기록되어 있어요. 하지만 우리나라 학계에서는 대체로 임나일본부의 존재 자체를 부정해요. 《일본서기》가 완성된 8세기 초의 우리나라 문서에는 임

나일본부라는 명칭이 전혀 나오지 않거든요. 북한의 역사학자인 김석형은 임나일본부는 일본 열도에 수립된 가야의 분국인 임나에 설치되었던 것이라고 주장하며 임나일본부설을 정면으로 반박했어요. 이 밖에도 《일본서기》에서 말하는 '왜'가 실제로는 백제였다는 견해와 한반도 남부 지역에서 활동한 왜군을 백제의 용병으로 보는 백제군 사령부설, 임나일본부는 왜의 통치 기관이나 백제의 군사령부와 같은 것이 아니었으며, 그저 왜의 사신이었다는 주장 등 다양한 의견이 제기되었지요.

임나일본부설을 주장하는 이들은 광개토 대왕릉비에 적힌 내용을 "왜가 바다를 건너와 백제와 임나, 신라 등을 격파하고 신민으로 삼았다."라고 해석하며 왜가 한반도를 통치했다고 주장해요. 그러나 이 주장이 사실이라면 광개토 대왕릉비에 고구려가 싸운 주된 대상국이 왜가 되어야 하는데, 실제 비문의 내용은 왜가 아니라 백제이기 때문에 이 주장은 잘못된 것이지요.

임나일본부설을 둘러싼 쟁점들은 아직도 해결되지 않았어요. 임나일본부설을 주장하는 일본의 학자들은 백제가 왜의 군사적 우세와 한반도 남부에 대한 지배를 인정하며 왜왕에게 칠지도를 바쳤다고 주장하지만, 우리나라의 학자들은 백제가 칠지도를 제작해 제후인 왜왕에게 하사했다고 해석하지요.

이러한 쟁점들을 해결하는 것은 한국 고대사의 복원뿐 아니라 올바른 한·일 관계의 정립을 위해서도 중요한 문제예요. 그런 의미에서 일본이 왜곡한 역사를 구체적인 근거로 비판하는 한편 바른 정보를 받아들이도록 노력해야만 해요.

칠지도 일본의 이소노카미 신궁에 보관되어 있는 칼로, 일곱 개의 가지가 있다고 해서 '칠지도'라고 불린다.
칠지도에는 백제 왕세자가 왜왕에게 하사했다는 내용이 새겨져 있다.

3장

삼국 시대의 생활 모습

고구려, 백제, 신라는 서로 치열하게 경쟁하는 한편, 군사력과 재정을 확보하기 위해 농업 생산력을 높이는 데 관심을 가졌어요. 그리고 다양한 정책을 통해 농업을 발전시키는 과정에서 농민들의 생활도 점차 나아졌지요. 이제부터 삼국의 다양한 사회 모습과 경제적·문화적 특징 그리고 이웃 나라와의 교류 등에 대해 살펴보도록 해요.

삼국의
경제생활

　삼국 시대 사람들도 오늘날처럼 세금을 냈을까요? 물론이에요. 삼국은 고대 국가로 발전하는 과정에서 통치 체제를 정비하고 국가 재정의 근간이 되는 세금에 관한 제도를 마련했어요.

　삼국 시대에는 재산의 정도에 따라 *호의 등급을 나누어 그에 따라 곡물이나 포(삼베) 또는 그 지역에서 생산되는 특산물을 거두었어요. 15세 이상의 남자를 동원해 왕궁이나 성, 저수지 등을 만드는 데 필요한 노동력을 충당하기도 했지요. 물론 이것은 귀족이 아닌 일반 백성에게만 해당되는 사항이었답니다.

　삼국 시대 사람들이 가장 중요시 여기던 산업은 바로 농업이었어요. 그래서 농업 생산력을 높이기 위해 삼한 시대에 축

호 집을 세는 단위

▌**보습(좌)과 쇠삽날(우)** 삼국 시대의 철제 농기구로, 철로 만든 농기구 덕분에 짧은 시간에 더 많은 일을 할 수 있게 되었다. 보습은 서울 구의동에서, 쇠삽날은 몽촌토성에서 출토되었다.

조된 의림지, 공검지 등 여러 저수지를 정비하고, 농업 기술도 꾸준히 발전시켰어요. 또한 철제 농기구와 함께 우경이 발달하면서 땅을 깊이 갈 수 있게 되었는데, 영양분이 많은 땅속 깊은 곳의 흙을 갈아엎고 난 뒤 그 흙에 씨를 뿌리면서 수확량은 더욱 늘었지요. 소를 이용해 농사를 짓는 우경은 철기 시대부터 시작된 것으로 추정되는데, 공식적인 기록으로는 《삼국사기》에 6세기 신라 지증왕 때 우경을 권장했다는 내용이 있어요.

삼국 시대의 수공업이나 상업 그리고 무역 활동은 주로 왕실과 지배층이 필요로 하는 물품을 만들고 조달하는 수준에서 이루어졌어요. 그러다가 4세기 이후 무역이 발달하면서 고구려는 중국의 남북조 및 유목 민족과, 백제는 남조 및 왜와 활발하게 교류했지요. 초기에는 고구려나 백제를 통해 중국과 무역을 했던 신라는 6세기에 진흥왕이 한강 유역을 확보한 이후부터는 직접 교역에 나섰답니다.

당시 각 나라의 수도에는 시장이 형성되어 있었는데, 신라의 경우 5세기경에 지금의 경주인 금성에 시장이 형성되어 물품의 매매가 이루어졌다고 해요. 그리고 6세기 초 지증왕 때에는 동시전이라는 관청을 두고 불법적인 상업 활동을 못 하도록 감독했으며, 시장을 열고 닫는 시각, 도량형의 사용, 상인 간의 분쟁, 왕궁에서 사용하는 상품의 조달과 관련된 업무도 처리하도록 했어요.

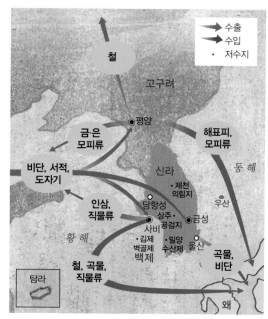

▌삼국의 경제 활동과 대외 교역

삼국의 사회 모습

    신분이란 사람이 한 사회에서 차지하고 있는 일정한 지위를 말해요. 혈통에 따라 자동적으로 얻고 세습되지요. 아버지가 귀족이면 그의 자식도 귀족이고, 아버지가 천민이면 그의 자식 역시 천민인 거예요. 우리나라의 신분 제도는 고조선 시대부터 조선 후기까지 존재했어요. 신분 제도에 불만이 없었던 것은 아니지만 사회 분위기상 사람들은 신분 제도를 없애거나 신분의 세습을 막지 못했지요. 대다수의 사람들은 신분 제도를 당연한 것으로 받아들였어요. 삼국 시대 역시 신분을 구분했는데 대체로 귀족, 평민, 천민으로 나뉘었답니다.

    귀족은 대개 국가가 형성될 때 왕족과 함께 국가의 건설을 도왔던 부족장과 그 가족들을 중심으로 구성되었어요. 그 외 나머지 지방 부족장은 삼국이 중앙 집권 국가로 발전하는 과정에서 왕의 신하가 되어 수도로 이주하면서 귀족 신분을 하사받았지요.

    삼국 시대 왕릉에서 출토되는 유물이나 고분 벽화 등에는 당시 귀족들의 생활 모습이 잘 나타나 있어요. 귀족들은 국가의 지배층으로서 관직을 독점하고

▌**쌍영총 예불 행렬도(좌), 무용총 묘주 생활도(우)** 고구려의 고분 벽화에는 신분이 높은 사람은 크게, 신분이 낮은 사람은 작게 그려져 있다.

넓은 토지와 많은 노비를 소유하는 등 정치·경제적으로 특권을 누렸어요. 당시 중국인들은 고구려 귀족들의 생활 모습을 다음과 같이 묘사했어요.

> 농사를 짓지 않으며 앉아서 먹고사는 자가 1만여 호에 이른다. 이들의 집에서 심부름하는 사람들은 멀리서부터 쌀이나 곡식을 날라 오고, 또 물고기나 소금을 공급했다.
>
> ─《삼국지》〈위서 동이전〉(진수)

삼국의 귀족들은 왕과 함께 권력을 누리며 국가의 크고 작은 일을 처리했어요. 큰 전쟁이 나면 귀족들은 물론 왕까지 직접 군대를 이끌고 나가 싸워야 했는데 당시의 왕은 권위와 신뢰를 얻기 위해 싸움터에서 용맹한 모습을 보여 주어야만 했답니다. 그러면 귀족들이 사병을 거느리고 전쟁터에 나가 왕을 도왔지요.

귀족이라고 해서 모두 다 막강한 권력을 지니고 있었던 것은 아니에요. 귀족들 안에서도 차별이 있었어요. 다른 귀족보다 우월한 위치에 있던 왕족을 제외하고 권력의 핵심을 차지하는 귀족은 많지 않았어요. 고구려의 제가 회의, 백제의 정사암 회의, 신라의 화백 회의처럼 국가의 중대사를 의논하는 최고 귀족 회의에는 소수의 귀족들만 참여할 수 있었지요. 다음은 삼국의 귀족 회의에 대한 기록이에요.

> 큰 죄인이 생기면 제가가 토의해 죄인을 죽였고, 그 처자식은 노비로 삼았다.
> —《삼국지》〈위서 동이전〉(진수)

> 백제의 호암사라는 절에는 한 바위가 있다. 나라에서 장차 재상을 뽑으려 할 때 후보 3, 4명의 이름을 써서 상자에 넣어 봉해서 바위 위에 두었다가 얼마 후 열어 보고, 그 이름 위에 도장이 찍힌 사람을 재상으로 삼았다고 한다. 그런 까닭으로 이 바위를 정사암이라 했다.
> —《삼국유사》(일연)

> 중요한 일을 처리할 때는 반드시 대신들이 상의해 결정하는데, 이를 화백이라 하며 한 사람이라도 다른 주장을 하면 결정되지 못한다.
> —《신당서》

이처럼 귀족 내에서도 차별이 존재했던 것은 과거 부족장일 때 지녔던 세력에 차이가 있었기 때문이에요. 중앙 집권을 이루기 위해 부족장들을 중앙 귀족으로 편입하는 과정에서 왕이 부족장의 세력에 따라 다른 등급을 주었거든요. 이러한 차별은 신라의 골품 제도에도 잘 나타나 있어요.

신라는 지방의 부족장들을 수도로 불러 귀족으로 임명함으로써 지방으로 권력이 분산되는 것을 막고 중앙 집권을 이루려 했어요. 이를 위해 골품 제도를 이용했지요. 골품 제도에 따라 왕족은 성골과 진골로 나뉘었어요. 나머지 일반 귀족은 6두품, 5두품, 4두품으로 구분되었지요.

신라의 관등제와 관직 체계는 신분 제도를 바탕으로 운영되었어요. 표에는 없지만 골품 제도의 첫째 등급은 성골이었지요. 성골과 진골은 어떻게 다를까요? 지금까지의 연구를 바탕으로 살펴보면 성골은 왕과 왕위를 계승할 사람을, 진골은 부모 중 어느 한쪽이 왕족인 사람을 일컫는 말이었어요. 그러나 왕에게 아들이 없는 경우에는 왕의 동생이 성골이 되었지요.

처음에는 성골만 왕위에 오를 수 있었지만 무열왕 이후부터는 진골 출신도 왕이 될 수 있었어요. 진골은 관직에 나아가거나 승진을 하는 데 있어 아무런 제한이 없었기 때문에 최고 관등인 이벌찬은 물론, 각 관청의 장관이나 군부대의 장군도 될 수 있었지요.

진골을 제외한 다른 두품의 신분은 오를 수 있는 관등에 제한이 있어서, 6두품이라 할지라도 장관직은 꿈도 꿀 수 없었어요. 장관직 아래에 있는 차관직이나 부지휘관에 오르는 정도가 고작이었지요. 이에 불만을 품었던

등급	관등명	골품				복색
		진골	6두품	5두품	4두품	
1	이벌찬	■				자색 (자주색)
2	이 찬	■				
3	잡 찬	■				
4	파진찬	■				
5	대아찬	■				
6	아 찬	■	■			비색 (붉은색)
7	일길찬	■	■			
8	사 찬	■	■			
9	급벌찬	■	■			
10	대나마	■	■	■		청색 (파랑색)
11	나 마	■	■	■		
12	대 사	■	■	■	■	황색 (노란색)
13	사 지	■	■	■	■	
14	길 사	■	■	■	■	
15	대 오	■	■	■	■	
16	소 오	■	■	■	■	
17	조 위	■	■	■	■	

❚ 신라의 골품 제도

6두품 출신들은 정치보다는 주로 학문과 종교 분야에서 활발히 활동했어요. 한편 5두품이나 4두품 신분은 6두품보다 더 낮은 관직을 차지했고, 3두품 이하는 평민 신분으로 관직에 오르는 것 자체가 불가능했지요.

골품 제도는 관직의 상한선뿐만 아니라 일상생활까지 영향을 미쳤어요. 같은 신분 안에서만 결혼을 할 수 있게 하는 것은 물론, 옷의 색깔이나 장신구, 사는 집의 모양과 크기, 수레의 크기 등도 규제했답니다.

> 4두품에서 백성에 이르기까지 방의 길이와 너비가 15척을 넘지 못한다. 느릅나무를 쓰지 못하고, 당기와를 덮지 못하고, 짐승 머리 모양의 지붕 장식이나 높은 처마 …… 등을 두지 못한다. 담장은 6척을 넘지 못하고, ……6두품은 말 다섯 마리를 넣을 수 있는 마구간을 지을 수 있고, 5두품은 세 마리, 4두품 이하는 두 마리를 넣을 수 있는 마구간을 지을 수 있다.
>
> －《삼국사기》(김부식)

이처럼 신라 사람들의 정치 활동과 사회 활동, 생활 도구 등은 모두 골품에 따라 결정되었어요. 신라의 수도에 사는 귀족들이 이와 같은 차별을 받았던 것으로 미루어 보아 일반 백성들은 더 엄격한 제한을 받았을 것으로 짐작할 수 있지요.

삼국의 평민은 대부분 농민으로, 인구의 대다수를 차지했어요. 남자들은 본업인 농사일을 하면서도 상황에 따라 군대에 가거나 부역을 하며 세금을 냈고, 여자들은 남자들과 함께 농사를 짓거나 *길쌈과 집안일 등을 했지요.

평안남도 덕흥리에 있는 고구려 시대 고분 벽화에는 은하수 오른쪽에 서 있는

길쌈 삼실 등을 가지고 손으로 베, 모시 등의 직물을 짜는 일

직녀가 소를 끌고 가는 견우를 떠나보내는 모습이 그려져 있어요. 이것은 농사를 짓는 견우와 길쌈을 하는 직녀를 상징하는 것으로 당시 사람들의 생활 모습을 엿볼 수 있지요.

평민은 자유로운 신분이었지만 권리보다는 의무를 더 많이 지고 있었어요. 해마다 농사를 지어 가을이 되면 벼나 콩 등으로 조세를 내고 길쌈으로 만든 비단과 직물, 각 지방의 특산물 등을 공물

■ **덕흥리 고분 벽화 속 견우직녀 그림** 평안남도 대안시 덕흥리에 있는 고구려 시대 고분의 벽화로, '견우직녀 그림'으로 불린다. 당시 남녀의 일상적인 생활 모습을 엿볼 수 있다.

로 바쳐야 했지요. 평민들은 부역이라는 이름으로 궁궐이나 성, 수리 시설 등을 건설하는 데 수시로 동원되기도 했어요. 보수도 전혀 주지 않았을 뿐더러 심지어 자기가 먹을 음식까지 싸 가야 했지요.

삼국 간의 전쟁이 치열해지면서 각 나라는 모자란 병력을 보충하기 위해 평민들을 동원하기 시작했어요. 평민들은 전투나 국경 수비 혹은 군량미와 장비 등을 운반하는 일을 담당했어요. 이를 군역이라고 해요. 군역의 어려움은 《삼국사기》에 실린 설씨녀와 가실의 이야기에도 잘 나타나 있어요.

사량부 소년 가실은 설씨녀가 자신의 아버지가 늙고 병들었는데도 군사로 나가야 하는 것을 걱정한다는 말을 듣고 설씨녀에게 그 군역을 대신하겠다고 했다. 설씨녀가 아버지에게 이 말을 전하자, 아버지가 가실을 사위로 삼고 싶다고 했다. 설씨녀가 거울을 가져다가 절반을 나누어 각각 한 쪽씩 갖고 신표로 삼자고 했다. 그런데 나라에 일이 있어 교대 기간인 3년이 지나

고 해가 거듭 지나 떠난 지 6년이 흘렀는데도 가실은 돌아오지 못했다. 그녀의 아비는 딸을 시집보내기로 작정하고 몰래 마을 사람과 혼인할 날을 받아 두었다. 이때 가실이 돌아왔는데 모습이 깡마르고 남루해 마을 사람이 아무도 그가 누군지 몰랐다. 가실이 깨어진 거울을 던지니 설씨녀가 이것을 받아 들고 흐느껴 울었다. 둘은 일생 동안 함께할 것을 약속했다.

－《삼국사기》(김부식)

평민 아래에는 천민이 있었어요. 천민의 대부분을 차지했던 노비는 주로 왕실과 귀족 및 관청에 소속되어 자유롭지 못했지요. 노비는 주인의 집에서 생활하며 그들의 시중을 들기도 했지만 주인과 떨어져 살며 주인의 땅을 경작하는 경우도 있었어요.

평안남도 수산리에 있는 고구려 고분 벽화에는 광대들이 귀족 앞에서 장대 걷기, 통 굴리기, 여러 개의 공과 막대를 번갈아 받기 등 재주를 한껏 펼치는 모습과 귀족 뒤에 커다란 우산을 받치고 있는 시종의 모습이 그려져 있습니다. 이처럼 고구려의 고분 벽화를 보면 피지배층은 귀족과 같은 지배층에 비해 아주 작게 그려져 있는 것을 알 수 있지요. 특히 피지배층 중에서 노비들은 인간으로 대접받지 못하고 주인의 재산이나 소유물로 취급되어 매매되기도 했어요. 심지어는 주인에게 생명까지 바쳐야

노비의 모습 평안남도 남포시 수산리에 있는 고분 벽화로, 나들이 나간 귀족이 노비의 시중을 받으며 광대들의 재주를 구경하고 있다.

하는 경우도 있었답니다.

삼국 시대 사람들의 옷차림은 어떠했을
까요? 당시 사람들이 입고 있는 옷차림을
살펴보면 그 시대의 생활 모습과 사회상을
엿볼 수 있답니다.

고구려 사람들의 옷차림은 고분 벽화를
통해 살펴볼 수 있어요. 중국 지린 성에 있
는 고구려 고분인 무용총의 벽화를 보면
악사들의 연주에 맞추어 저고리와 바지 그

▌**무용하는 여인들** 중국 지린성 집안현에 있는 고분 벽화로,
죽은 자를 기리기 위해 춤을 추는 장면이다.

리고 두루마기를 입은 무용수들이 춤을 추고 있어요. 이들은 흰색 바탕에 검은
색 물방울무늬나 노란색 바탕에 붉은색 물방울무늬가 있는, 소매가 긴 옷을 입
고 있지요.

고구려 사람뿐 아니라 백제와 신라 사람들도 약간의 차이는 있지만 대체로 상
의는 저고리를, 하의는 바지나 치마를 입었어요. 여기에 관모를 쓰고 허리에는
띠를 매었으며 신발도 착용했지요.

저고리는 남녀 모두 엉덩이를 덮을 정도로 길었는데 너무 조이거나 헐렁하지
않은 자연스러운 상태에서 허리띠를 매었어요. 오늘날의 태권도 도복 상의와 유
사하다고 할 수 있어요. 바지는 약간 통이 헐렁했고, 바지 끝을 잘록하게 좁혀
발목 부근에서 자연스럽게 동여매었지요. 여성들은 저고리와 통이 좁은 바지를
입다가 점차 자락이 길고 폭이 넓은 치마를 저고리와 함께 입었어요. 때로는 옷
에 물방울무늬나 마름모무늬 등을 그려 멋을 내기도 했어요.

고구려 사람들은 귀족과 평민 모두 바지와 저고리를 즐겨 입었는데 신분이 높

관모

건

귀걸이

유(저고리)

유(저고리)

포
(두루마기)

선

대
(허리띠)

선

상(치마)

고(바지)

화(신)

▌삼국 시대 남성과 여성의 복장

을수록 저고리의 소매통이나 바지통이 넓었어요. 귀족은 화려한 비단옷을, 평민은 단순한 흰색 삼베옷을 입었어요. 귀족들은 예의를 갖춰야 할 때면 고급 두루마기를 입고 모자를 썼다고 해요.

백제의 귀족은 등급에 따라 자주색, 붉은색, 푸른색의 고운 삼베옷이나 비단옷을 입었어요. 그리고 모자에는 은으로 만든 꽃장식을 달았는데, 이를 은제 관식이라고 해요. 이러한 은제 관식은 충청도와 전라도의 백제 고분에서 출토된 유물을 통해 그 모양을 살펴볼 수 있어요. 한편 왕은 귀족보다 신분이 더 높았기 때문에 금제 관식으로 모자를 꾸몄답니다.

백제에서는 일반 평민들이 자주색이나 붉은색 옷을 입는 것을 금지했어요. 자주색과 붉은색이 높은 신분을 상징했기 때문이에요. 그래서 일반 백성들은 주로 흰 삼베옷을 입었지요.

신라는 골품과 관등에 따라 관복의 색깔, 옷감의 종류, 모자의 재질, 허리에

차는 요대, 신발의 재질 등을 달리
했는데 심지어는 속옷까지 차별을
두었어요. 신라의 귀족이 골품 제
도에 따라 화려한 자주색, 붉은색,
푸른색, 노란색 등의 비단옷을 입
었던 것과 달리 평민은 백제 평민과
마찬가지로 흰 삼베옷을 입었지요.

삼국 시대에도 오늘날처럼 유행
하는 의복 경향이 있었어요. 주로
신분이 높은 여자들이 유행을 주도

▌**고구려 귀족 여인들** 쌍영총 벽화로, 주름 잡힌 긴 치마에 저고리가
엉덩이까지 내려오고 깃이나 소매에 다양한 무늬를 넣은 선을 둘렀다.

했는데 대개는 중국의 복식(몸에 치장하는 옷과 장식)을 따랐어요. 신라의 경우에
는 진덕 여왕 때 김춘추의 건의에 따라 왕실의 의복과 관리의
옷을 당나라풍으로 바꿀 정도로 지배층을 중심으로 당
나라풍의 옷이 유행했어요. 백제와 고구려도 후기에는
귀족 여성들 사이에서 당나라풍 복색이 유행했어요.

삼국 시대 사람들은 어떠한 음식을 먹었을까요?
오늘날 우리가 일상적으로 먹는 쌀은 삼국 시대
만 해도 흔한 음식이 아니었어요. 그중에서도 비
옥한 평야가 부족해 벼농사를 짓기 어려웠던 고
구려에서는 쌀이 무척이나 귀한 음식이었지요. 벼

▌**신라 토용** 신라 무덤의 껴묻거리로 출토된 토용(사람이나 동물을 본떠
서 만든다)으로, 삼국 시대 후기에 유행했던 당나라풍의 옷차림을 볼
수 있다. 경주 용강동 고분에서 출토되었다.

농사를 적극 권장했던 백제나 신라에서도 쌀은 왕이나 귀족들만 먹는 곡물이었어요. 그럼에도 삼국 귀족들의 식생활은 아주 호사스러웠어요. 귀족들이 손님을 접대할 때 50여 가지의 반찬을 내놓았다는 《삼국유사》의 기록을 통해 잘 알 수 있지요. 반면 평민들은 주로 보리나 콩, 조 등을 먹었답니다.

고구려 사람들은 주로 사냥으로 잡은 사슴이나 멧돼지 고기를 쌀, 보리, 콩, 조, 밀 등의 곡식과 함께 먹었어요. 한때 건국 초기에는 해안 쪽에 거주하는 부족을 정복해 그들에게 공물로 받은 해산물을 먹기도 했어요.

고구려의 대표적인 고기 요리인 맥적은 오늘날 우리가 즐겨 먹는 불고기의 원형이라고 할 수 있어요. 맥적은 여름에 갓 잡은 멧돼지를 통째로 간장에 절여 항아리 속에 넣어 두었다가 마늘과 아욱으로 양념을 한 다음 숯불에 올려놓고 구워 먹던 음식이에요. 생각만 해도 군침이 돌지요? 고구려 사람들은 음식에 간장을 많이 사용했는데 간장으로 살코기를 절이거나 간을 맞추었지요. 당시에는 소금으로 간을 한 음식이나 발효 음식이 많았어요. 젓갈과 김치도 많이 먹었는데 당시의 김치는 지금과 같이 고춧가루로 양념한 배추김치가 아니라 아욱을 주재료로 한 소금 김치였답니다. 그 밖에도 콩을 발효시켜 만든 된장이나 아욱, 배추, 무, 콩잎, 박, 오이 등의 채소로 만든 반찬도 즐겨 먹었지요.

█ **백제 쌍단지** 작은 단지가 붙어 있는 것으로 보아 양념이나 반찬을 담아 두던 단지로 보인다.

백제 사람들의 음식도 고구려와 큰 차이는 없었어요. 오곡과 채소로 밥과 반찬을 만들고, 떡을 쪄 먹었으며 차도 마셨어요. 다만 곡식의 껍질을 깨끗이 벗기는 기술이 아직 발달하지 않아 흰쌀이 아닌 껍질이 덜 벗겨진 현미를 주로 먹었어요.

　　백제 사람들이 즐기던 특별한 음식으로는 은어가 있었어요. 여름이 되면 너도나도 강으로 나가 은어를 잡았는데, 은어는 육류를 구하기 힘든 백제 사람들에게 최고의 별미였지요. 은어는 여름에만 잡을 수 있는 물고기였기 때문에 상하기 쉬운 내장을 제거하고 소금을 뿌려 잘 말려 두면 두고두고 노릇하게 구워 먹을 수 있었답니다.

　　백제 사람들 역시 간장, 된장, 젓갈을 반찬으로 먹었어요. 또 무나 가지 등의 뿌리채소를 절여서 묵혀 먹는 짠지나 장아찌류의 저장 식품을 애용했지요. 한편 백제 사람들의 잔칫상에는 누룩 술이 빠지지 않았다고 해요. 당시의 누룩 술은 밀을 갈거나 찧어서 만든 누룩으로 빚은 술로, 누룩을 이용하면 술을 대량으로 생산할 수 있었어요. 백제의 수준 높은 주조 기술은 백제와 가까이 지냈던 왜로

┃백제의 금동 수저 우리나라에서는 일찍부터 수저 문화가 발달했다.

전해졌어요. 일본의 《고사기》라는 책에 따르면 백제의 수수보리, 수수허리 형제가 왜로 건너가 그곳 사람들에게 누룩으로 술을 빚는 방법을 가르쳐 주었다고 해요. 오늘날에도 교토 근처의 사가 신사에서는 이 두 사람을 술의 신으로 모시고 제사를 지내요. 이로 보아 백제 사람들이 일본 청주의 창시자임을 추측할 수 있어요.

신라의 음식 문화도 고구려나 백제와 비슷했어요. 귀족들은 주로 쌀밥을 먹고 평민들은 조, 보리, 수수 등의 잡곡밥을 먹었지요. 반찬은 채소, 생선, 해조류, 육류 등이었고요. 신라와 백제에서는 생선을 날로 잘게 썰어 먹는 회도 즐겼다고 해요.

일반 백성들은 잡곡이 부족한 경우, 산과 들에서 나무껍질이나 나물 등을 채집해 먹었어요. 이것은 신라뿐 아니라 고구려와 백제의 백성들도 마찬가지였지요. 신라 성덕왕 때 세워진 쌍계사의 진감 선사 대공 탑비의 비문에는 당시 백성들이 도토리와 콩을 섞은 나물범벅을 먹었다는 기록이 남아 있어요. 또 우리가 잘 아는 고구려의 장군 온달도 느릅나무 껍질이나 소나무 껍질 등을 먹었다고 전해져요.

삼국에 불교가 전해지면서부터는 살생을 금지하는 조치가 내려져 고기 음식이 제한되고 어업이 큰 타격을 받기도 했지만 한편으로는 차를 마시는 풍습이 생겨나 다

마구간 안악 3호분 벽화로, 고구려 시대의 마구간의 모습이다.

기와 식기가 발달했어요. 차 문화의 보급으로 강정과 유밀 같은 먹을거리도 등장했지요.

신분의 차별이 엄격했던 삼국 시대에는 집도 신분에 따라 큰 차이가 있었어요. 대부분의 귀족은 수도에서 기와를 인 크고 넓은 집에 살았는데, 당시 기와를 일 수 있는 것은 궁궐, 사원, 관청 그리고 귀족의 집뿐이었어요. 반면 평민은 움집이나 초가집에서 살았어요. 신분이 제일 낮은 천민은 짚더미를 대충 둘러친 초라한 집에서 살았어요. 때문에 큰 비라도 내리면 집이 휩쓸려 가 이재민이 되기도 했지요.

고구려의 귀족은 화려한 기와집을 짓고 살았어요. 집안에 있는 부경에 곡식과 식생활에 필요한 물품들을 보관해 두고 부엌, 우물, 고기 창고, 수레 차고, 외양간, 마구간 등을 갖추었지요. 이 밖에도 남녀가 사는 건물이 구분되어 있었고, 연못과 활쏘기를 연습할 수 있을 정도의 마당이 있었으며 노비들이 잠자는 공

▎**부엌, 고기 창고, 수레 창고(좌), 외양간(우)** 안악 3호분 벽화로, 고구려 시대의 부엌, 창고, 외양간의 모습을 알 수 있다.

간도 따로 있었어요. 황해도 안악군에 있는 고구려 고분인 안악 3호분에 그려진 벽화에는 이러한 모습이 잘 나타나 있답니다.

고구려의 평민은 주로 초가집에서 살았는데, 겨울철 매서운 추위를 피하기 위해 무덤처럼 굴을 파고 지하에서 살기도 했어요. 이들은 쪽구들을 이용해 난방을 했는데 쪽구들이란 온돌 장치의 한 종류를 말해요. 지금처럼 방바닥 전체에 구들장을 까는 식의 통구들이 아니라, 방의 일부분에만 구들장을 놓는 형태였지요. 고구려의 쪽구들은 방 한쪽에 흙으로 침상을 만든 뒤, 아궁이에 불을 때면 침상에 따뜻한 기운이 전해지도록 만들었어요. 쪽구들과 같은 온돌 장치는 평민들이 주로 사용했는데 그것은 집이 허름한 탓에 추위를 이길 난방 시설이 절실했기 때문이에요. 온돌은 고구려에서 먼저 사용되기 시작해 점차 백제와 신라에까지 퍼졌어요. 그러다가 고려 시대 말에는 구들장을 방 전체에 까는 통구들 형태가 나타났답니다.

(고구려는) 겨울철에는 모두 긴 구덩이를 만들어 밑에서 불을 때어 따뜻하게 한다.
　　　　　　　　　　　　　　　　　　　　　　　　 －《구당서》

백제는 풍습이 고구려와 같다.
　　　　　　　　　　　　　　　　　　　　　　　　 －《신당서》

(신라는) 겨울에는 부뚜막을 집안에 만들고 여름에는 음식을 얼음 위에 놓는다.
　　　　　　　　　　　　　　　　　　　　　　　　 －《당서》

고분 벽화가 많이 남아 있어 당시의 주택 문화를 자세히 살펴볼 수 있는 고구려와 달리 백제나 신라는 고분 벽화가 거의 남아 있지 않아요. 다만 일부 기록이나 유물을 통해 백제나 신라의 주택 문화가 기본적으로 고구려와 비슷했을 것이라고 추측할 뿐이지요.

┃ 궁남지 백제 무왕이 만든 연못으로, 도성 방어와 놀이를 위해 만들었다고 한다. 충남 부여에 위치해 있다.

백제의 귀족은 주로 규모가 큰 기와집에서 살았어요. 정원을 꾸미는 기술이 상당히 발달했던 백제는 일본에 정원사를 보낼 정도로 그 실력이 빼어났다고 해요. 무왕 때 만들어진 궁남지에는 이러한 백제 사람들의 솜씨가 잘 녹아 있지요. 통일 신라 때는 궁남지를 본떠 안압지라는 연못을 만들기도 했답니다.

신라 사람들도 고구려나 백제와 마찬가지로 귀족은 기와집에 살고, 평민은 초가집이나 움집에 살았어요. 그리고 추운 겨울을 나기 위해 온돌을 이용하기도 했지요.

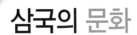

삼국의 문화

▌**금동 연가 7년명 여래 입상** 6세기 후반 에 만들어진 대표적인 고구려의 불상으로, 현재 국립중앙박물관에 소장되어 있다.

불교는 삼국 시대에 처음 우리나라로 전해진 이래 고려 시대까지 약 1000년 동안 번성했어요. 국가적 차원에서 장려한 덕분에 불교는 우리 역사와 문화에 큰 영향을 미쳤지요. 조선 시대에는 불교 억제 정책으로 교세가 잠시 꺾이기도 했지만 불교는 오늘날까지 많은 사람들이 믿는 종교랍니다.

삼국 중에서 불교를 가장 먼저 받아들인 나라는 고구려예요. 소수림왕 때인 372년에 중국 전진의 승려인 순도가 불상과 불경을 가지고 고구려로 들어오면서부터 불교는 전파되기 시작했지요. 백제는 침류왕 때인 384년에 인도의 고승인 마라난타가 중국의 동진을 거쳐 영광 법성포로 들어와 불법(부처의 가르침)을 널리 알리면서부터 불교가 전해졌어요. 이것은 국가가 불교를 공식적으로 인정한 때를 말하는 것으로, 사실 백성들 사이에서는 이미 이전부터 불교가 퍼져 있었어요. 그러던 중 고구려와 백제가 중앙 집권 체제를 정비하는 과정에서 민간에 퍼져 있던 불교를 자연스럽게 수용한 것이지요.

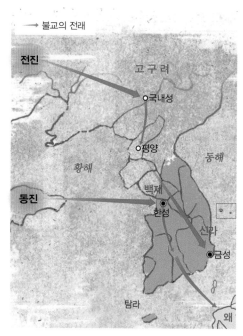

▌삼국의 불교 전래

신라는 두 나라에 비해 꽤 늦은 시기에 불교를 받아들였어요. 신라는 태백산맥과 소백산맥같이 큰 산들로 둘러싸여 있었기 때문에 주변 나라와 비교적 왕래가 적었거든요. 게다가 신라에서는 이전부터 전해 내려오는 여러 가지 토속 신앙이 많았어요. 더구나 이러한 토속 신앙은 신라의 귀족들이 믿었기 때문에 그 세력이 대단히 컸지요.

눌지왕 때 고구려의 승려인 묵호자에 의해 신라에도 불교가 전해졌어요. 하지만 토속 신앙을 믿는 귀족들의 강력한 반대에 부딪혀 크게 번성하지는 못했지요. 이는 당시 신라 왕의 힘이 그리 강하지 못했음을 의미하기도 해요.

6세기 초에 왕위에 오른 법흥왕은 사사건건 왕에게 맞서는 귀족 세력을 누르기 위해 불교를 이용하려 했어요. 불교의 '왕이 곧 부처'라는 왕즉불 사상은 왕권을 높이는 데 아주 효과적이었거든요. 부처를 자비롭고 전지전능한 절대자로 섬기는 불교를 온 백성에게 전파하고 왕이 곧 부처라는 생각을 심는다면 귀족을 비롯한 모든 백성들이 왕을 우러러 볼 것이라고 생각한 것이지요.

하지만 법흥왕의 바람과는 달리 토속 신앙을 깊이 숭배하던 귀족들은 그리 쉽게 불교를 인정하지 않았어요. 그때 법흥왕의 고민을 알아차린 신하 이차돈이 조용히 왕을 찾아와 "신라에 불교가 널리 퍼지고 왕의 권위가 올라간다면 기꺼이 제 목숨을 바치겠습니다."라고 말했어요.

법흥왕의 허락을 받은 이차돈은 그 길로 천경림으로 가서 절을 짓기 시작했어요. 천경림은 토속 신앙의 중심지로 하늘에 제사를 지내는 곳이었지요. 이 사실을 안 귀족들은 법흥왕을 찾아가 거세게 반발했어요. 그러나 법흥왕은 자신은 모르는 일이라며 이차돈을 잡아들이라 했지요. 물론 이것은 법흥왕과 이차돈이 미리 비밀리에 짠 계획의 일부였어요. 법흥왕은 계획대로 이차돈의 목을 베라는 명령을 내렸어요. 이차돈은 죽기 전에 "내가 불교를 위해 죽으니 만약 부처님에게 신통력이 있다면, 내가 죽을 때 반드시 신기한 일이 일어날 것이오."라는 말을 남겼어요.

이윽고 이차돈의 목을 베자, 그의 목에서 흰 피가 솟아오르고 하늘이 캄캄해졌어요. 그리고 땅이 진동하며 꽃비가 내렸지요. 이 광경을 목격한 모든 사람들이 깜짝 놀라며 두려움에 벌벌 떨었어요.

기적을 경험한 이후 귀족들은 더 이상 불교를 비방하지 않았어요. 이차돈의 뜻을 이어 천경림에 절을 완성하라는 법흥왕의 명령에도 반대하지 않았지요. 이차돈의 순교로 힘을 얻은 법흥왕은 527년에 불교를 공식적으로 인정할 수 있었어요.

삼국의 왕실은 불교를 널리 전파하는 데 아주 적극적으로 나섰어요. 불교의 힘을 빌려 왕과 왕실의 권위를 높이기 위해서였지요. 당시 사람들은 왕을 부처에 비유하며 왕이 통치하는 나라를 불국토, 즉 부처가 다스리는 나라라고 생각했어

┃ **이차돈 순교비** 이차돈의 목에서 흰 피가 솟아오르면서 주위에 꽃비가 떨어지는 모습을 조각하였다. 국립경주박물관에 소장되어 있다.

미륵사 복원 모형 백제 무왕 때 전북 익산 지역에 지은 절로 삼국 시대 우리나라에서 가장 큰 절이었던 것으로 추정된다. 지금은 절터와 함께 미륵사지 석탑만 남아 있는데 복원 공사 중에 있다.

황룡사 복원 모형 신라 진흥왕 때, 경주에 새로운 궁궐을 짓다 황룡이 나타났다는 얘기를 듣고 절로 고쳐 지은 것으로, 공사 기간만 17년이 걸린 신라에서 가장 큰 절이었으나 몽골의 침입으로 9층 목탑과 함께 소실되었다.

요. 삼국의 왕들은 자신의 위상을 높이기 위해 큰 절을 짓고 탑과 불상 등을 만들게 했어요. 백제의 무왕은 부인인 선화 공주를 위해 전북 익산에 미륵사를, 신라의 진흥왕은 경북 경주에 황룡사를 짓게 했지요.

불교에는 모든 사람은 태어나기 이전의 전세, 현재 살고 있는 현세, 죽은 이후의 내세를 돌면서 태어나고 죽고 다시 태어남을 반복한다는 윤회 사상이 있어요. 윤회 사상에 따르면 현세에서 벌어지는 모든 일은 전세에 쌓은 행동의 결과이며, 또 현세의 행동이 내세에 인과응보로 나타난다고 해요.

삼국의 귀족들은 자신들의 신분적 특권을 옹호하기 위해 윤회 사상을 크게 환영했어요. 자신들은 전세에 착하고 훌륭한 행동을 많이 했기 때문에 현세에 귀족으로 태어난 것이므로 전세에 저지른 나쁜 행동의 결과로 하층민이 된 이들은 불만을 가져서는 안 된다고 주장했지요. 이처럼 불교는 왕실의 권위를 높일 뿐 아니라 귀족들의 사회적 지위를 정당화하는 데에도 이용되었어요.

삼국의 불교는 점차 국가를 보호하는 신앙, 즉 호국 신앙으로 발전했어요. 사람들은 부처의 힘으로 외적을 무찌르고 국력을 키우고자 했어요. 삼국은 국가의 발전을 기원하는 법회와 전쟁 때 죽은 병사들의 영혼을 위로하기 위해 팔관회를 자주 열었어요. 팔관회는 10월과 11월에 열렸는데, 이전부터 존재하던 제천 행사와 불교 행사가 결합되어 치러졌을 것으로 추측되고 있어요. 또한 호국의 염원을 담은 대규모 사찰도 많이 건립되었어요. 동명왕의 명복을 위해 세웠다고 전해지는 고구려 정릉사, 왕실의 복을 기원하기 위해 건립된 백제 왕흥사, 황룡이 나타났다는 전설을 담고 있는 신라 황룡사 등이 삼국 시대 대표적인 호국 사찰이라고 할 수 있어요. 특히 황룡사는 높이가 80m나 되는 황룡사 9층 목탑이 유명한데, 이 탑의 아홉 개 층은 당시 신라 변방의 나라들을 가리킨다고 해요. 신라 사람들은 이 탑을 세움으로써 이웃 나라의 침략을 물리치고 부처의 나라를 이룩했다고 믿었겠지요?

불교가 호국 신앙으로 여겨지다 보니 승려들 또한 개인적인 수양보다는 국가를 위해 활약하는 일이 더 많았어요. 전쟁이 곧 부처의 말씀을 전파하기 위한 노력이라며 정복 전쟁을 적극 옹호했지요. 신라 최고의 승려였던 원광은 화랑들에게 세속오계라는 규율을 만들어 주며 싸움을 할 때에는 물러나지 말라고 말하기도 했어요. 불교의 호국적 성격은 고려 시대와 조선 시대로도 이어져 팔만대장경과 왜군에 맞서 싸운 승병 등으로 계승되었지요.

삼국 시대에는 사람이 죽으면 그 사람이 쓰던 물건을 시신과 함께 매장했어요. 따라서 왕이나 귀족처럼 신분이 높은 사람의 무덤에는 많은 물건들이 함께 묻혔지요. 그런 의미에서 삼국 시대의 무덤은 단순히 시신이 매장된 곳이 아니라 당시의 문화와 사람들의 종교관 그리고 세계관을 엿볼 수 있는 훌륭한 유적이랍니다.

고구려 초기에는 돌무지무덤이 주로 만들어졌어요. 돌무지무덤이란 말 그대로

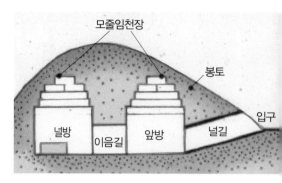

모줄임천장

봉토

입구

널방 이음길 앞방 널길

■ 장군총 한 변의 길이가 32미터, 높이가 12미터나 되는 거대한 돌무지무덤이다.

■ 굴식 돌방무덤의 구조

'돌로 쌓은 무덤' 양식을 뜻해요. 땅 위에 돌로 네모나고 평평한 묘단을 쌓은 다음, 널방을 만들어 시신을 안치한 뒤 그 위에 돌을 덮는 형태지요.

권력이 클수록 돌무지무덤의 크기도 컸는데 4~5세기경 절대 권력을 가진 왕은 피라미드식으로 돌을 쌓고 그 안에 돌방을 만든 형태의 대규모 돌무지무덤에 묻혔어요. 중국 지린 성에 있는 고구려 때의 무덤인 장군총이 그 예인데, 장군총은 무덤의 주인이 누구인지 명확하게 밝혀지지 않았지만 역사 학계에서는 장수왕이나 그의 아버지인 광개토 대왕의 무덤일 것이라고 추측하고 있어요.

4세기부터 고구려에는 굴식 돌방무덤이라는 새로운 형태의 무덤 양식이 나타났어요. 그 후로 5세기경부터 이 무덤이 돌무지무덤을 대체해 나갔어요. 굴식

묘단을 쌓는다   묘단 위에 널방을 만든다   널방 안에 시신을 안치한다   돌을 덮어 봉분을 쌓는다

■ 돌무지무덤 축조 방법

돌방무덤은 무덤 입구에 문을 내고 널길을 통해 돌방과 연결시켜 돌방 안에 시신을 안치하는 양식이에요. 굴식 돌방무덤의 돌방과 널길에는 사신도, 건물의 모습, 생활 풍속 등 아주 다양한 주제의 벽화가 그려져 있어요. 이러한 벽화를 통해 고구려 사람들의 생활 모습을 엿볼 수 있지요.

백제 초기의 도읍지인 위례성이 있던 서울 송파구 석촌동에는 계단 모양으로 돌을 쌓아 올린 큰 돌무지무덤이 여러 개 있어요. 돌을 쌓아 올린 형식이 장군총과 유사해 백제 초기의 무덤 양식이 고구려 돌무지무덤의 영향을 받았음을 알 수 있어요. 또한 이것은 《삼국사기》에 나오는 백제 건국 신화의 내용처럼 '백제를 건국한 세력이 고구려에서 남쪽으로 내려왔다'는 것을 짐작하게 해 주지요.

충남 공주의 송산리 고분군에서 발견된 무령왕릉은 백제 문화의 보물 창고라고 할 수 있어요. 왕과 왕비의 금제 관식, 금 목걸이와 귀걸이, 청동 거울 등 백제의 뛰어난 유물과 중국 남조 시대의 도자기, 고대 유럽의 벽돌 문양, 인도식 유리구슬 등 당시 세계 곳곳의 문화를 알 수 있는 보물 3000여 점이 발견되었거

▌**무령왕릉 내부(좌), 무령왕릉에서 출토된 금동 신발(하)** 무령왕릉은 당시 중국 남조 양나라의 무덤 양식인 벽돌무덤의 형태로 만들어졌다. 무령왕릉에 나온 유물을 통해 백제를 다시 일으킨 무령왕 시대의 뛰어난 문화 수준을 엿볼 수 있다.

든요. 무령왕릉에서 출토된 유물 열두 점은 국보로 지정되기도 했지요.

연꽃무늬 벽돌로 가로 쌓기와 세로 쌓기를 반복해 벽을 쌓아 세련미를 풍기는 무령왕릉은 무덤 자체로 건축학적으로나 예술적으로 매우 뛰어난 문화유산으로 평가받고 있어요. 중국 남조의 영향을 받은 독특한 벽돌무덤 양식인 무령왕릉은 천장과 벽 전체가 여러 문양의 벽돌로 화려하게 장식되어 있어요. 귀족적인 백제의 무덤도 웅진으로 천도한 뒤부터는 굴식 돌방무덤 양식에 따라 만들었어요.

1993년에 충남 부여의 능산리 고분군에 있는 백제 왕궁 절터에서 세상을 깜짝 놀라게 할 만큼 뛰어난 공예품이 발굴되었어요. 그것은 백제 금동 대향로였지요. 이 향로의 뚜껑 부분 꼭대기에는 봉황이 턱 아래 여의주를 끼고 있고 그 아래로는 폭포수가 떨어지는 시냇물에 벌거벗은 채로 긴 머리를 감고 있는 사람, 책을 읽는 사람 등 신선을 상징하는 듯한 각종 인물의 모습이 조각되어 있어요. 또 악기를 연주하는 악사 다섯 명을 비롯해 다섯 마리의 새와 스물네 개의 산봉우리, 여섯 그루의 나무와 열두 군데의 폭포, 시냇물 등이 세밀하게 표

▌**부여 능산리 고분군** 백제의 마지막 수도였던 부여에는 왕과 왕비의 무덤으로 추정되는 거대한 굴식 돌방무덤들이 모여 있다.

▌**백제 금동 대향로** 능산리 절터에서 발견된 향로로, 백제의 금속 공예 기술이 매우 뛰어났음을 보여 주는 걸작품이다. 국립중앙박물관에 소장되어 있다.

현되어 있지요. 향로의 몸체 부분은 연꽃잎이 3단으로 층을 이루며 새겨져 있고, 연꽃잎 사이에는 물고기, *신수와 신조가 도드라지게 부조되어 있어요. 몸체에는 총 스물네 마리의 동물과 두 명의 인물이 조각되어 있지요. 향로의 받침은 한 다리를 생동감 있게 치켜들고 있는 용이 활짝 핀 연꽃 봉오리를 입으로 받치고 마치 승천할 듯한 분위기를 자아 내고 있어요.

신라의 수도였던 경주 곳곳에는 마치 언덕처럼 거대한 대규모 무덤이 있어요. 통일 이전 신라 무덤의 특징을 가장 잘 보여 주는 무덤으로, 돌무지덧널무덤이라고 해요. 돌무지덧널무덤은 다른 나라에서는 볼 수 없는 신라만의 독특한 무덤 양식이에요. 이 무덤이 언제부터 만들어졌는지는 정확하게 알 수 없지만 3세기부터 경주에 나타난 것으로 추정되고 있어요.

이 무덤은 지하에 구덩이를 파고 시신과 껴묻거리가 든 상자 모양의 나무 덧널을 넣은 뒤, 그 주위와 덧널 위를 돌로 덮고 다시 그 바깥을 봉토로 씌우는 형

신수 용, 봉황, 해태, 주작, 현무 등의 신령스러운 짐승

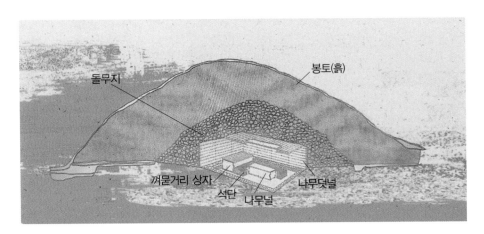

▮**돌무지덧널무덤의 구조**

태예요. 돌무지와 봉토의 규모가 크고 구조가 복잡한 만큼 도굴이 어려워 껴묻거리가 온전히 남아 있는 이 돌무지덧널무덤은 신라 시대를 연구하는 귀중한 자료랍니다.

신라의 돌무지덧널무덤에서 발견한 껴묻거리 중에서 가장 유명한 것은 금관이에요. 금관은 지금까지 총 6점이 발굴되었는데 아마 왕이나 왕비가 죽었을 경우에만 무덤 안에 넣었던 것 같아요.

신라의 금관은 화려한 겉모습과 달리 실제 사용한 것에 대해서는 의문이 있어요. 금관에 걸려 있는 옥이나 금딱지가 무거워 왕관을 지탱할 수 없다는 것이에요. 얇은 금판이 버티기에는 너무 무겁다는 것이지요. 그런가 하면 관을 직접 썼다면 머리가 닿는 부분에 비단이나 가죽 등을 댄 흔적이 있어야 하는데, 그런 것이 전혀 없다는 근거도 제시하고 있어요. 그래서 왕이나 왕비가 죽으면 무덤에 함께 묻었을 거라고 보고 있어요. 그런데 어떤 학자들은 왕들이 이 금관을 항상 썼던 것은 아니지만 의례와 같은 특별한 경우에는 사용했을 거라고 보기도 한답니다.

▋**황남대총 금관** 나뭇가지 모양의 순금 금관이다. 국립중앙박물관에 소장되어 있다.

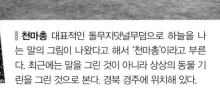

▋**천마총** 대표적인 돌무지덧널무덤으로 하늘을 나는 말의 그림이 나왔다고 해서 '천마총'이라고 부른다. 최근에는 말을 그린 것이 아니라 상상의 동물 기린을 그린 것으로 본다. 경북 경주에 위치해 있다.

삼국과
이웃 나라의 교류

삼국은 서로 경쟁하고 협력하는 가운데 중국 및 주변 국가들과 활발하게 교류했어요. 고구려 고분 벽화에 그려져 있는 중국 신화에 등장하는 신이나 동물의 모습 그리고 매부리코에 눈이 큰 전형적인 서역인의 모습이 이 사실을 뒷받침하지요.

백제의 풍납토성에서는 중국 동진과 남조의 영향을 받은 도기가 발견되었어요. 벽돌무덤으로 유명한 무령왕릉 역시 중국 남조의 영향을 받았지요.

신라는 6세기에 한강 유역을 차지해 중국과 직접 교역을 하면서부터 활발한 무역 활동을 펼쳤어요. 신라의 돌무지 덧널무덤에서 발견된 서역의 유리그릇과 금제 장식 보검, 뿔 모양의 잔 등을

■ **고구려 각저총 벽화** 서역인과 씨름을 하고 있는 고구려인의 모습이다.

통해 어떤 물건들이 오갔는지 짐작할 수 있지요.

삼국은 중국과 서역 외에 이웃해 있던 왜, 즉 지금의 일본과 교류했어요. 우리 조상들은 삼국 시대 이전부터 새로운 생활 터전을 개척하기 위해 왜로 건너갔는데 삼국 시대 이후에는 왜의 요청으로 학자와 승려, 기술자들이 많이 건너갔지요. 그래서 일본 고대 문화의 유적과 유물 중에는 삼국의 영향을 받은 것들이 많답니다.

일본에는 지금 남아 있는 건물 중 가장 오래된 목조 건물인 호류 사라는 절이 있어요. 당시 일본을 다스리던 쇼토쿠 태자가 지은 절인데, 백제와 고구려의 기술자들이 공사에 참여했다는 이야기가 전해지고 있어요. 그래서인지 백제의 정림사지 5층 석탑과 일본의 호류 사 5층 석탑을 비교해 보면 재질과 규모는 다르지만 두 석탑 모두 위로 올라갈수록 단층의 크기가 줄어드는 비슷한 모양이라는 것을 알 수 있어요.

호류 사의 불상과 공예품 역시 대부분 백제의 기술자들이 만들었어요. 일본이 자랑하는 백제 관음상도 백제에서 건너간 기술자가 만든 것이지요. 쇼토쿠 태자는 백제를 비롯한 삼국의 불교 문화를 받아들여 일본에 아스카 문화를 꽃피웠어요.

백제가 왜에 선진 문화를 전해 준 것은 고구려, 신라와 치열하게 항쟁을 벌이고 있는 상황에서 든든한 동맹국이 필요했기 때문이에요.

▌**정림사지 5층 석탑(좌), 호류 사 5층 목탑(우)** 호류 사 5층 석탑은 백제, 고구려의 기술자들이 공사에 참여했다고 전한다. 두 석탑은 규모는 다르지만 위로 올라갈수록 단층의 크기가 줄어드는 비슷한 모양임을 알 수 있다.

고구려 수산리 고분 벽화(좌), 일본 다카마쓰 고분 벽화(우) 5세기에 그려진 고구려의 수산리 고분 벽화와 고구려가 멸망한 7세기 이후에 그려진 일본의 다카마쓰 고분 벽화이다. 기법과 주인공의 복색이 유사하다.

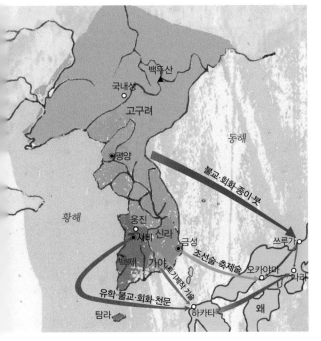

삼국 문화의 일본 전파

실제로 왜는 백제가 군사적으로 어려울 때마다 많은 병력을 보내 주었지요. 백제는 선진 문화를 전해 주는 대신 왜로부터 군사적 지원을 받은 거예요.

5세기에 그려진 고구려의 수산리 고분 벽화와 고구려가 멸망한 7세기 이후에 그려진 일본의 다카마쓰 고분 벽화를 보면 기법과 주인공의 복색이 유사하다는 것을 알 수 있어요. 이처럼 일본은 백제뿐 아니라 고구려의 영향도 받았답니다.

당시 문화를 전파하기 위해 왜로 건너간 사람 중에는 승려가 많았어요. 해박한 지식을 갖춘 지식인으로서 높은 수준의 문화를 전파하는 데 적임자였기 때문이지요. 왜로 건너간 삼국의 승려들은 왜 왕실의 융숭한 대접을 받았어요. 7세기 초에 고구려의 승려인 담징은 왜에 종이와 먹, 물감, 맷돌을 만드는 방법을 알려 주었어요. 고구려의 승려인 혜자는 쇼토쿠 태자의 스승이 되어 백제의 승려인 혜총과 함께 왜에 불교 문화와 학문을 전파했지요.

신라는 고구려나 백제에 비해 왜와 문화를 교류한 흔적이 많지 않아요. 백제와 아주 친하게 지냈던 왜의 입장에서는 백제와 적대적인 관계에 있던 신라를 대하기가 껄끄러웠을 거예요. 그러나 신라도 배 만드는 기술과 저수지 쌓는 기술 등을 왜에 전해 주었답니다.

한편 모양이 섬세하고 치밀한 것이 특징인 일본의 스에키 토기는 모양이나 기법이 가야의 토기와 유사해요. 일본 고분에서 나오는 여러 가지 마구와 갑옷, 투구 등도 가야 고분에서 출토된 것과 아주 비슷하지요. 이처럼 일본은 삼국과 가야의 문화를 받아들이며 고대 문화를 발전시켜 갔어요.

▌**금동 미륵보살 반가상(좌), 일본 고류 사 목조 미륵보살 반가상(우)** 일본의 국보 1호인 고류 사 목조 미륵보살 반가상은 나무로 제작되었다는 점만 다를 뿐 삼국 시대에 제작된 금동 미륵보살 반가상과 매우 흡사하다.

부처님의 무덤,
탑

　불교를 창시한 석가모니가 죽은 후 제자들은 석가모니의 사리를 묻고 그 위에 돌이나 흙을 높이 쌓아 무덤의 일종인 스투파(Stupa)를 만들었어요. 스투파는 부처의 무덤 혹은 영원한 생명을 가진 부처가 사는 집 등으로 불렸는데, 오늘날의 탑이 바로 이 스투파에서 비롯되었다고 해요.

　인도의 탑은 깎은 돌과 벽돌을 반구 모양으로 쌓아 올린 것이 특징이에요. 반구의 맨 꼭대기에는 돌을 네모꼴로 쌓고, 그 위에 양산 모양의 구조물을 층층이 쌓았는데, 그 모습이 마치 밥그릇을 거꾸로 엎어 놓은 듯하지요. 이러한 형태의 탑을 복발탑이라고 해요. 탑의 기단부 위로 사람이 걸어 다닐 수 있도록 난간과 계단이 설치되어 있고, 내부로 들어갈 수 있는 문이 사방에 나 있지요.

　인도의 탑은 중국으로 건너가면서 형식과 재료가 변화했어요. 중국의 누각 건축물을 닮은 형식에 나무, 벽돌, 각종 금속 등 재료도 다양해졌지요.

　우리나라에서는 처음에는 나무로 만든 목탑과 돌을 벽돌처럼 깎아서 쌓은 모전 석탑 등이 주로 만들어졌어요. 하지만 우리나라의 질 좋은 화강암을 이용해 목탑에서 석탑으로 재료를 전환하려는 노력이 시도되었어요. 특히 미륵사지 석탑, 정림사지 5층 석탑 등 백제의 여러 석탑에서 그 노력을 확인할 수 있어요. 통일 신라 시대에 이르러서는 절제된 형태의 석탑 양식이 완성되었는데, 불국사

3층 석탑이 그 예랍니다.

한편 중국과 백제 등을 통해 불교를 처음 받아들인 왜에서는 초기에 목탑 양식을 도입한 이래 에도 막부 시대까지 그 양식이 유지되었어요.

이와 같이 한국, 중국, 일본은 인도에서 만들어진 탑을 수용해 각 나라의 특수성에 따라 재료와 형태를 달리했어요. 동아시아 각국이 불교라는 동일한 문화를 수용하면서도 그 과정에서 저마다의 개성을 발휘했다는 점이 참 재미있지요.

탑의 이름은 '위치-형태-층수-재료' 순으로 만들어 붙여요. '위치'는 현재 탑이 있는 자리나 원래부터 있던 곳, 옮기기 전의 장소 내지 지역을 말해요. '형태'는 탑이 이루어진 모양 또는 배치된 형태를 의미하지요. 탑은 일반적으로 4각형을 이루고 있어 그 형태를 별도로 표시하지 않지만, 8각이나 원형처럼 특별한 모양을 하고 있는 경우에는 이름에 특징을 표시하기도 해요. '층수'는 탑의 탑신부에 해당되는 층의 개수로, 지붕처럼 생긴 부분의 수를 의미해요. '재료'는 탑의 재료에 따라 목탑, 석탑, 벽돌로 만든 전탑, 진흙으로 만든 이탑, 철탑, 금은탑, 청동탑 등으로 구분해서 부르지요.

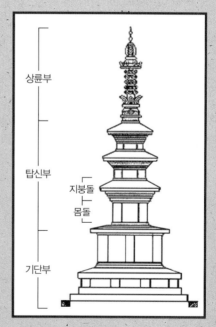

석탑의 형태와 세부 명칭

4장

통일 신라와 발해의 발전

6세기 후반 삼국의 정세가 급박하게 돌아가고 있을 무렵, 중국에서는 수나라와 당나라가 차례로 등장해 호시탐탐 고구려를 노렸어요. 이후 신라는 당나라와 연합해 백제와 고구려를 차례로 멸망시키고 당나라 세력까지 완전히 몰아낸 뒤 통일을 이루었지요. 통일 신라가 전성기를 맞이할 즈음, 북쪽에서는 고구려의 유민들이 발해를 건국했어요. 고구려의 대외 항쟁과 신라의 삼국 통일 그리고 통일 신라와 발해에 대해 살펴보도록 해요.

고구려의
대외 항쟁

    고구려, 백제, 신라는 자국의 이익과 한반도의 세력 균형을 위해 전쟁을 할 때도 있었지만 필요한 경우에는 서로 연합했어요. 삼국 중 어느 한 나라가 세력을 확장하면 불안을 느낀 다른 두 나라가 힘을 합해 그 나라에 대항하는 형세였지요. 이 과정에서 삼국 간에 자연스러운 힘의 균형이 유지되었어요. 삼국은 한반도 내의 세력뿐 아니라 중국을 비롯한 동아시아 국가들과도 외교 관계를 맺으며 자국의 발전을 도모하기 위해 노력했어요.

    한반도에서 힘의 균형이 깨지기 시작한 것은 진흥왕이 한강 유역을 차지하면서부터예요. 신라는 한반도 동남쪽에 치우쳐 있어 중국과 직접 교류하기가 어려웠어요. 중국과 직접 교류할 수 있는 통로를 확보하고 싶었던 진흥왕은 한강 유역을 정복하기로 결정하고 당항성을 확보한 뒤 이곳을 중국 교류의 근거지로 삼았어요. 그런데 문제가 생겼어요. 빼앗긴 한강 유역을 되찾고 싶어 하는 고구려와, 나·제 동맹을 깨뜨리고 한강 유역을 빼앗아 간 신라를 공격하다 전사한 성왕의 원수를 갚고 싶어 했던 백제를 모두 적으로 만들어 협공당하는 처지가 되었거든요.

이 무렵 오랜 분열과 혼란을 거듭해
오던 중국이 6세기 말에 이르러 수나라
에 의해 통일을 이루었어요. 당시 고구
려와 백제의 협공에 위기에 빠진 신라
는 수나라에 도움을 요청했어요.

한편 수나라의 등장에 위협을 느낀 고
구려는 백제와 몽골 지역의 돌궐 등과
연합해 수나라에 대항하려 했어요. 이
처럼 6세기 말의 동북아시아는 고구려,
백제, 왜, 돌궐을 연결하는 남북 세력과
신라, 수나라를 연결하는 동서 세력이
충돌하는 형세였어요.

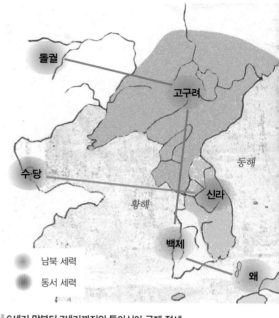

▌6세기 말부터 7세기까지의 동아시아 국제 정세

중국이 분열되어 있던 시기에 동북아
시아의 절대 강자였던 고구려는 중국이 통일을 이루자 대비책을 준비했어요. 수
나라의 침입을 미리 막고 전략상 요충지를 차지하기 위해 랴오시(요서) 지방을
공격했어요. 고구려의 행동에 화가 난 수나라의 황제 문제는 598년에 30만 대군
을 이끌고 고구려를 침공했어요. 하지만 요동 지역으로 진격하던 육군이 홍수를
만나 군량 보급에 문제가 생긴 데 이어 질병까지 돌아 많은 군사를 잃으면서 문
제의 계획에는 차질이 생겼어요. 게다가 평양으로 향하던 수군이 비바람에 배가
침몰하면서 수나라의 1차 침공은 고구려 땅을 밟아 보지도 못한 채 실패로 끝
이 났지요.

문제에 이어 수나라의 황제가 된 양제는 612년에 직접 113만 대군을 이끌고
고구려로 쳐들어왔어요. 양제는 군대에 물자와 식량을 원활히 공급하기 위해

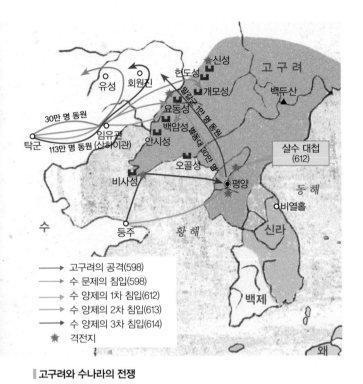

■고구려와 수나라의 전쟁

지도 범례:
- → 고구려의 공격(598)
- → 수 문제의 침입(598)
- → 수 양제의 1차 침입(612)
- → 수 양제의 2차 침입(613)
- → 수 양제의 3차 침입(614)
- ★ 격전지

200만 명에 달하는 사람을 동원했는데 기록에 따르면 수나라의 군대가 차례대로 출발하는 데에만 40일이 걸렸다고 해요.

하지만 고구려는 이에 아랑곳하지 않고 요동성을 굳게 지키며 수나라의 대군을 막아 냈어요. 수나라군이 요동성에서는 물론 바다 건너 평양성 부근에서도 참패하자 초조해진 양제는 별동대 30만 명을 투입해 평양성을 직접 치게 했어요. 우중문이 이끄는 수나라의 별동대는 각기 100일 치의 식량을 짊어지고 행군을 했는데, 그 무게를 감당하기 어려워 병사들이 몰래 식량을 버렸어요. 별동대의 상황을 꿰뚫어 본 고구려의 을지문덕 장군은 수세에 몰리는 척하면서 후퇴를 계속했어요. 수나라의 별동대는 함정인 줄도 모르고 거침없이 고구려 깊숙이 들어왔지요. 바로 이때 을지문덕이 우중문에게 시를 지어 보내며 그의 어리석은 행동을 비웃었어요.

그대의 신기한 책략은 하늘의 이치를 다했고
오묘한 계산은 땅의 이치를 꿰뚫었도다.
그대 전쟁에 이겨 이미 공이 높으니

만족함을 알고 그만두기를 바라노라.

-《여수장우중문시》(을지문덕)

그제서야 별동대가 고구려군에 포위된 것을 깨달은 우중문은 황급히 후퇴 명령을 내렸어요. 하지만 수나라의 별동대가 지금의 청천강인 살수를 건널 무렵, 을지문덕이 이끄는 고구려군이 맹공을 퍼붓기 시작했지요. 결국 30만 명의 별동대 중 살아서 수나라로 돌아간 것은 2만 700여 명에 불과했어요. 이 싸움이 바로 그 유명한 살수 대첩이에요. 을지문덕의 통찰력과 지혜 그리고 고구려군의 단결이 어우러져 이루어 낸 결과였지요.

그 뒤에도 수나라는 몇 차례 더 고구려를 공격했지만 고구려는 이를 모두 물리쳤어요. 수나라는 무리하게 전쟁을 벌인 탓에 국력이 소모되었고, 대운하 건설 등 과도한 토목 공사로 인해 민심을 잃어 각지에서 반란이 일어났어요. 결국 수는 중국을 통일한 지 30년 만에 무너지고 말았는데, 그 뒤를 이은 것이 당나라였어요. 618년에 건국된 당나라는 초기에는 고구려를 적극적으로 공격하지 않았어요. 수나라가 고구려에 무참히 패했고, 이로 인해 결국 멸망에 이르렀다는 사실을 잘 알고 있었기 때문에 섣불리 고구려를 넘보지 못했어요. 고구려 역시 수나라와의 전쟁에서 많은 손실이 있었기 때문에 잠시 쉴 틈이 필요했지요.

태종이 즉위하고 나라의 기틀이 어느 정도 잡히자, 당나라는 중국 중심의 국제 질서를 확립하려는 야심을 키우기 시작했어요. 주변 국가들을 침략하면서 고구려에도 압력을 가했지요. 이에 고구려는 부여성에서 발해만의 비사성에 이르는 천리 장성을 쌓고 당나라의 침공에 대비했어요.

천리장성을 쌓는 공사는 16년간 이어졌는데, 그 기간 중에 성을 쌓는 책임자였던 연개소문이 정변을 일으켜 영류왕과 여러 대신을 죽이고 보장왕을 왕위에 앉혔어요. 그리고 자신은 당시 고구려 최고의 벼슬이던 대막리지가 되어 실권을 쥐었지요. 연개소문은 강경한 대외 정책을 펼치며 차근차근 당나라에 맞설 준비를 했어요.

당나라와 전쟁을 치르기 위해서는 남쪽에 있는 신라와의 관계를 개선해야만 했어요. 당나라와의 싸움에 모든 힘을 쏟아야 하는 상황에서 신라가 쳐들어온 다면 승리를 확신하기 어려웠거든요. 그런데 마침 고구려의 고민을 알기라도 하듯 백제의 의자왕이 신라를 공격해 대야성을 비롯한 신라 서쪽 40여 개의 성을 빼앗았어요. 이에 고구려는 백제에 사신을 보내 화친을 맺고, 힘을 합쳐 신라에

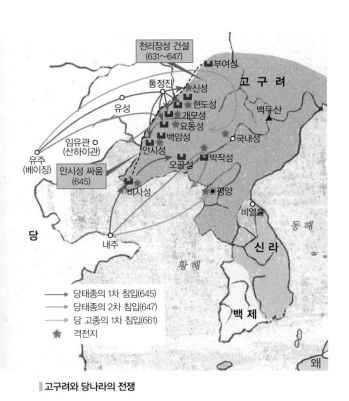

| 고구려와 당나라의 전쟁

대한 공격을 한층 강화했지요. 당나라가 신라에 대한 공격을 중지할 것을 요구했지만 고구려 는 이를 단호하게 거절했어요.

자존심이 상한 당나라는 연개소문의 정변과 대당 강경책을 구실로 삼아 고구려를 침공했어요. 당나라의 태종은 육군과 수군을 동원해 양쪽에서 고구려를 공격했는데, 그 기세가 아주 대단했답니다. 당나라군은 고구려군의 거센 저항을 뚫고 랴오허 강을 건너 요동성과 백암성 등을 차례로 함락시킨 후 안

시성을 공격했어요. 둘레가 4킬로미터밖에 되지 않는 조그마한 토성이었던 안시성은 당나라군에게 완전히 포위되어 함락되는 것은 시간 문제였어요. 그러나 안시성의 성주를 비롯해 고구려 군과 백성들은 힘을 합쳐 당나라군의 끊임없는 공격을 막아 냈답니다. 하루 6~7회 꼴로 공격을 퍼붓는 당나라군에 맞서 무려 60일 가까이 버틴 안시성은 끝내 당나라군을 물리치고 성을 지켜 냈어요. 전쟁이 길어지며 물자와 식량이 부족한 상황에서 설상가상으로 추위까지 닥쳐 오자 당나라군은 어쩔 도리 없이 군사를 되돌리고 말았지요.

고구려가 수나라나 당나라와의 거듭된 전쟁에서 승리할 수 있었던 것은 바로 잘 훈련된 군대와 탁월한 전투 능력 그리고 성곽을 이용한 견고한 방어 체제 덕분이었어요. 요동 벌판에 크고 작은 성을 수없이 쌓았던 고구려는 전쟁이 벌어질 때마다 성을 효과적으로 이용했어요. 전쟁이 시작되면 고구려 사람들은 식량, 가축, 우물 등을 없애 적들이 사용할 수 없게 만든 다음, 성안에 들어가 성곽을 굳게 지키며 적을 지치게 만들었어요. 그리고 적절한 순간에 성 밖으로 나가 기습 공격을 하거나, 숨어서 적을 기다리다가 결정타를 날리는 전술을 구사했지요. 성을 차례로 함락시키지 않고 어느 한 성이라도 그냥 지나칠 경우에는 보급로를 확보하기 어렵고 후퇴할 길을 차단당할 수 있었기 때문에 적군은 고구려의 전술에 크게 동요할 수밖에 없었어요. 여기에 고구려가 철광 지대인 랴오둥 지방을 확보하고 있어 무기를 만드는 데 유리한 상황이었던 것도 승리의 한 요인이었지요.

고구려가 수나라와 당나라의 침입에 맞서 당당히 승리한 사실은 우리 역사상 매우 특기할 만한 일이에요. 당시 수나라와 당나라는 고구려를 정복해 동북아시아의 패권을 차지하려 했어요. 그러나 이를 물리침으로써 고구려는 고구려뿐만 아니라 백제와 신라도 지켜 낼 수 있었어요. 그러니까 고구려는 중국 세력의 침입을 막고 한반도를 지키는 방파제 역할을 훌륭하게 해낸 셈이었어요.

신라의
삼국 통일

고구려가 수나라에 이어 당나라의 침략을 막아 내는 동안 남쪽에서는 백제가 신라를 계속 공격하고 있었어요. 백제의 의자왕은 신라로부터 40여 개의 성을 빼앗은 뒤, 고구려와 연합해 신라에서 당나라로 가는 교통로를 끊기 위해 당항성을 공격했어요.

백제의 공격으로 위기에 처한 신라는 김춘추를 고구려로 보내 지원병을 요청했어요. 그러나 연개소문이 고구려의 옛 땅인 죽령 이북 지방을 돌려 달라는 조건을 내세우는 바람에 신라와 고구려의 연합은 이루어지지 않았지요. 이에 신라는 왜와 연합하고자 다시 김춘추를 왜로 파견하였지만, 왜는 전통적으로 백제와 가까웠기 때문에 성과를 거두지 못했어요.

결국 신라는 마지막으로 당나라를 이용해 위기를 극복하려 했어요. 김춘추는 당나라의 태종에게 고구려와 백제는 당나라와 신라의 공동의 적이며, 고구려보다 백제를 먼저 공격해야 한다고 주장했어요. 또한 중국 세력이 고구려를 공격할 때 가장 큰 문제점이었던 군량미 보급을 신라가 돕겠다고 제안했어요. 마침

안시성 전투에서 패한 직후였던 당나라는 신라의 제안에 흥미를 보였지요. 당나라의 태종과 김춘추는 결국 백제와 고구려를 멸망시킨 후 대동강 이남 땅을 신라가 차지하는 조건으로 밀약을 맺었어요.

나·당 연합군은 고구려보다 백제를 먼저 공격하기로 했어요. 660년, 소정방이 이끄는 당나라의 13만 대군과 김유신이 이끄는 신라의 5만 군사가 백제를 공격하기 위해 길을 나섰어요. 나·당 연합군이 백제를 공격하려 한다는 급보를 전해 들은 의자왕은 신하들을 불러 모아 놓고 대책을 강구했어요. 의자왕이 탄현과 금강 하구의 기벌포에서 적군을 막아야 한다는 신하들의 충고를 무시하고 대책도 없이 허둥거리고 있을 때 당나라의 대군은 이미 백강(기벌포)에 상륙한 상태였고, 신라군은 탄현을 지나 황산 벌판으로 진격하고 있었어요. 이미 한 차례의 기회를 잃은 백제는 이제라도 결단을 내려야 했어요. 그리고 용맹한 장수인 계백을 황산 벌판으로 보내 신라군을 막도록 했지요.

5000명의 결사대를 조직해 황산 벌판으로 향하기 전, 계백은 자신의 군대보다 열 배나 많은 신라군을 상대로 승리하기 쉽지 않을 것이라고 예상했어요. 그래서 "나라

▌ **계백 장군(?~660)** 백제 말기의 장군. 나·당 연합군이 백제를 공격하자 군사 5000명을 이끌고 황산벌로 출전하여 신라 김유신의 군대를 네 차례나 물리쳤다.

가 망해 나의 처자식이 포로로 잡혀 노비가 되느니 차라리 죽는 게 낫다."라며 스스로 아내와 자식의 목숨을 거둔 뒤 전장으로 향했어요.

계백은 황산벌 서북쪽에 진을 치고 신라군을 기다렸어요. 그리고 얼마 후 두 나라는 치열한 전투를 시작했지요. 죽기를 각오하고 싸우는 백제군 앞에서 신라 군은 주춤할 수밖에 없었어요. 신라군 5만 명에 맞선 백제군 5000명은 네 번의 전투에서 모두 이겼다고 하니 백제군의 저항이 얼마나 대단했는지 짐작할 수 있 겠지요.

힘겨운 싸움이 계속되고 있던 그때, 신라군의 사기를 북돋우는 사건이 일어났 어요. 신라의 화랑 출신인 관창은 열여섯 살이라는 어린 나이에도 불구하고 용 감하게 선봉에 나서서 싸웠어요. 그러다 백제군에게 사로잡혔는데 계백은 관창

▎**백강과 낙화암** 사비성 함락 당시 백제의 궁녀들이 몸을 던져 자결했다는 전설이 남아 있다.

의 나이가 어린 것을 감안해 죽이지 않고 다시 풀어 주었어요. 그러나 관창은 눈 하나 깜짝하지 않고 계속해서 백제군의 진영으로 뛰어들었어요. 결국 계백은 관창을 죽이고 그 목을 말안장에 매달아 신라군 진영으로 돌려보냈지요. 관창의 용감한 죽음에 큰 자극을 받은 신라군은 총력전을 펼치기 시작했어요. 결국 계백을 비롯한 백제의 결사대는 전멸하고 말았지요.

계백의 결사대를 물리친 신라군은 거침없이 사비성으로 진격했어요. 백강에 상륙한 당나라군도 사비성을 공격했지요. 신라군과 당나라군의 연합 공격에 사비성은 얼마 지나지 않아 함락되었고, 웅진성으로 피했던 의자왕도 결국 항복하고 말았어요. 의자왕과 신하들을 비롯해 백성 1만 2000여 명이 포로로 당나라에 끌려가면서 660년 백제는 멸망했지요.

고구려는 당나라와의 거듭되는 전쟁으로 점차 국력이 기울어 갔어요. 게다가 그때까지 강력한 통치력으로 고구려의 실권을 쥐고 있던 연개소문이 죽으면서 지배층 내부에서는 그동안 쌓여 있던 불만이 한꺼번에 터져 나왔지요. 어느 때보다도 강력한 지도력이 필요한 시점이었지만 고구려의 지배층은 연개소문의 후계자 자리를 놓고 경쟁을 벌이는 데에만 정신이 팔려 있었어요. 연개소문의 세 아들과 동생이 서로 권력을 차지하기 위해 다투던 중 경쟁에서 밀린 장남 연남생이 당나라에 구원을 요청했어요. 또한 연개소문의 동생인 연정토도 자신의 입지가 불리해지자 신라에 성 열두 개를 바치며 투항했지요. 이 과정에서 고구려의 지배층은 점차 무너져 갔어요.

신라와 당나라는 이 틈을 놓치지 않고 고구려를 공격했어요. 심지어 연남생은 당나라 군대의 길잡이가 되어 선두에 서서 고구려를 공격했지요. 당나라는 50만 대군으로 요동 지역을 점령한 다음, 평양성을 향해 물밀듯이 쳐들어왔어요. 신라도 대군을 파견해 당나라군에 합세했지요. 고구려인들은 나·당 연합군의 공격에 맞서 끝까지 저항했어요. 특히 평양성은 연합군에 포위된 상태에서 1년간이나 투쟁을 계속하며 수백 년 동안 쌓아 온 고구려의 저력을 마지막까지 보여 주었지요. 그러나 668년 9월에 마침내 평양성은 무너졌고, 보장왕과 귀족들은 항복을 선언했어요. 만주와 한반도를 호령하며 동아시아를 흔들었던 고구려의 700년 역사가 무너지면서 삼국 간의 치열한 다툼이 막을 내리는 순간이었어요.

백제와 고구려는 수백 년 동안 역사와 전통이 끊이지 않고 계속해서 이어지며 건재한 국가였기 때문에 비록 왕은 항복했지만 백성들은 쉽게 나라를 포기하지 않았어요. 백제 사람들은 나라가 몰락한 뒤에도 자신들의 땅에서 침략자를 몰아내기 위해 싸움을 계속했어요. 왕족이었던 복신과 승려 도침도 그중 하나였지요. 그들은 지금의 충남 서천에 위치한 주류성에서 군사를 일으켰어요. 이 소식을 들은 백제의 장군 흑치상지가 복신과 연합해 임존성 등 200여 개의 성을 되찾았지요. 이들의 기세가 대단해 마치 백제가 부활한 듯했어요. 복신은 일본에 가 있던 왕자 풍을 귀국하게 해서 왕으로 추대하고, 사비성과 웅진성에 주둔하고 있던 나·당 연합군을 공격하면서 4년 동안이나 저항했어요. 하지만 지배층의 내분과 백제의 부흥군을 도우러 왔던 왜의 수군이 백강에서 나·당 연합군에 의해 격퇴당하면서 백제 부흥 운동은 663년에 실패로 끝나고 말았지요.

고구려의 유민들도 백제와 마찬가지로 고구려 부흥 운동을 전개했어요. 검모잠, 고연무 등이 안승을 받들고 한성과 오골성을 근거지로 삼아 저항했지요. 안승은 신라에 투항한 연정토의 아들, 보장왕의 서자 혹은 외손자로 알려진 인물로, 고구려의 왕족이었어요.

고구려 부흥군은 한때 평양성을 탈환하고 신라에 구원을 요청했어요. 신라의 문무왕은 안승을 고구려의 왕으로 인정하고 보덕국을 세우도록 도왔지요. 그

후 당나라군의 압박을 받게 된 안승은 이를 대처하는 방안을 둘러싸고 검모잠과 대립했어요. 그러다 결국 검모잠을 죽이고 신라로 투항했지요. 이후 고구려 부흥 운동은 점차 약화되다가 소멸되고 말았어요.

당나라는 백제와 고구려를 멸망시킨 후 신라에게 대동강 이남의 땅을 주겠다는 약속을 지키지 않았어요. 오히려 한반도 전체를 지배하려는 야심을 드러냈지요. 당나라는 처음부터 신라를 이용해 한반도 전체를 장악하려는 의도였던 거예요. 당나라는 백제가

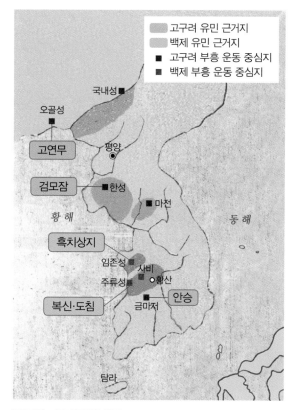

	고구려 유민 근거지
	백제 유민 근거지
■	고구려 부흥 운동 중심지
■	백제 부흥 운동 중심지

국내성
오골성
고연무
평양
검모잠   한성
마전
황해   동해
흑치상지
임존성   사비
주류성   황산
복신·도침   안승
금마저
탐라

▎**백제와 고구려의 부흥 운동**

멸망하자 백제가 있던 지역에 웅진 도독부를 설치하고 그곳을 직접 지배하려 했어요. 그런 후 신라에는 계림 도독부를 설치하고 문무왕을 계림 도독이라 부르며, 신라가 당나라의 일개 행정 구역인 도독부에 불과하다고 선포했지요. 고구려 침공을 눈앞에 두고 있었던 신라는 일단 한 발짝 물러나는 수밖에 없었어요. 당나라는 고구려를 멸망시킨 후 고구려가 있던 지역에 안동 도호부를 설치했어요. 자칫 잘못하면 당나라에게 한반도 전체를 빼앗길 위기에 처하게 되었지요.

신라는 고구려와 백제의 유민과 연합해 약속을 어긴 당나라와 정면으로 맞

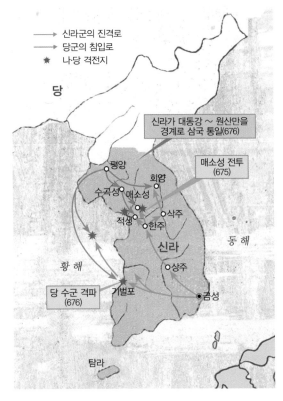

신라군의 진격로
당군의 침입로
나당 격전지

당

신라가 대동강 ~ 원산만을
경계로 삼국 통일(676)

매소성 전투
(675)

평양
회양
수곡성 매소성
적성 삭주
한주
신라
동해

황해
상주

당 수군 격파
(676)
기벌포
금성

탐라

나·당 전쟁과 신라의 삼국 통일

서기로 했어요. 신라는 먼저 고구려의 부흥 운동을 적극적으로 지원했어요. 고구려 부흥군이 신라와 우호적인 관계를 유지하면, 당나라가 신라와의 싸움에 전력을 기울이기 어려울 것이라고 판단했기 때문이에요. 그러니까 당나라군의 힘을 분산시키기 위해 자신들이 멸망시킨 고구려의 부흥 운동을 도운 거예요. 신라가 안승을 고구려의 왕으로 인정해 준 것도 같은 이유에서였지요.

옛 백제 땅에서도 신라와 당나라의 전투가 시작되었어요. 치열한 접전 끝에 신라군은 당나라군이 주둔하고 있던 사비성을 함락시키고 웅진 도독부를 없앤 뒤 백제의 옛 땅에 대한 지배권을 확립하는 데 성공했지요. 화가 난 당나라가 다시 20만 대군을 동원해 신라를 공격했지만 당나라의 재침공을 미리 대비하고 있던 신라는 675년에 벌어진 매소성 전투에서 당나라의 20만 대군을 격파하고 말과 무기 등을 빼앗았어요.

이때부터 신라는 나·당 전쟁의 주도권을 장악했어요. 육로를 이용하는 공격은 어렵겠다고 판단한 당나라가 이번에는 바닷길을 통해 신라를 공격해 왔어요. 하지만 신라는 기벌포에서 당나라의 해군을 대파하고 그 여세를 몰아 평양에 있던 안동 도호부까지 요동성으로 밀어냈지요. 이로써 한반도에서 당나라

군은 쫓겨나고 말았어요. 그리고 676년에 신라는 마침내 삼국 통일을 이루어
냈어요.

한편 당시 당나라는 신라를 다시 공격하려 하였지만 서쪽의 토번이 강력한 군
대를 이끌고 당나라를 공격했어요. 당나라는 수십 년에 걸쳐 토번과 싸우느라
신라를 다시 공격할 여유가 없었지요. 이처럼 신라가 삼국을 통일할 수 있었던
배경에는 신라 백성들이 일치단결하여 국력을 하나로 모은 점과 함께 국제적으
로 유리한 상황도 한몫을 했다고 할 수 있어요.

통일 신라의
발전

신라는 삼국 통일의 과업을 달성하며 영토와 인구가 크게 늘었어요. 또한 고구려, 백제의 유민과 힘을 합쳐 나·당 전쟁을 치루며 삼한이 하나로 통일되었다는 의식도 생겨났지요. 삼국이 서로 치열하게 경쟁하던 시기와 여러 모로 사정이 달라진 거예요. 신라로서는 정치, 경제, 사회, 문화 등 모든 면에서 새로운 전환기를 맞이하게 되었어요.

삼국 통일을 거치면서 나타난 가장 큰 변화는 왕권이 이전에 비해 크게 강화되었다는 점이에요. 국가의 권력을 왕이 장악하고 왕의 의지에 따라 모든 일이 이루어지는 등 모든 국가 권력이 왕한테 집중되었지요. 물론 통일 이전에도 신라 왕의 권력은 강했지만, 화백 회의로 상징되는 귀족 세력의 정치적 영향력이 커서 왕이라고 해도 권력을 행사하는 데 제한이 많았어요. 통일 이전 신라의 귀족들은 한자리에 모여 국가의 중요한 일을 결정하는 화백 회의를 통해 왕을 폐위하기도 하고 새 왕을 추대하는 데 영향력을 발휘하기도 하면서 왕권을 견제했지요. 그러나 태종 무열왕에서 문무왕으로 이어지는 신라 왕실은 삼국 통일을

▌**대왕암(좌), 감은사 터(우)** 신문왕은 681년에 문무왕이 죽자 그의 유언에 따라 시신을 화장하고 동해의 대왕암에 장사 지낸 뒤 문무왕 해중릉을 만들었다. 이듬해에는 문무왕이 짓던 절을 완성하고 부왕의 은혜에 감사한다는 의미로 '감은 사'라는 이름을 지었다.

주도하면서 권력을 크게 강화했어요. 이 무렵부터 무열왕의 직계 자손이 계속해서 왕위를 이은 것도 왕권 강화에 크게 한몫했지요.

문무왕에 이어 신문왕이 즉위한 뒤부터는 왕권이 더욱 확고하게 다져졌어요. 신문왕 즉위 직후, 왕의 장인이자 귀족 세력의 이익을 대변하는 최고 벼슬인 상대등 지위에 있던 김흠돌이 반란을 꾀하였는데, 신문왕은 김흠돌 모역 사건을 진압하는 과정에서 귀족 세력을 대대적으로 숙청하며 자신의 지위를 크게 강화시키는 동시에 정치를 안정시켰어요.

통일 후 신라는 여러 제도를 새롭게 정비했어요. 왕의 직속 기관인 집사부를 중심으로 중앙 정치가 운영되면서 집사부의 우두머리인 시중의 권한이 강화되었는데, 시중은 왕명을 받들어 행정을 집행하고 국정을 책임지는 역할을 했지요. 집사부의 기능이 강화됨에 따라 자연스럽게 화백 회의의 기능은 축소되었어요. 화백 회의의 의장인 상대등의 권한도 약화되었어요.

통일 신라는 고구려와 백제 출신 백성들을 효과적으로 포용하기 위해 지방 통치 제도를 수정했어요. 전국을 9주로 나누고 고구려와 백제 그리고 신라 땅에 각각 3주를 고르게 배정해 통일 후 넓어진 영토를 균형 있게 지배하고자 했지요. 정치·군사적으로 중요한 다섯 군데의 지역에는 특별 행정 구역인 소경을 두고 일부 중앙 귀족 및 고구려와 백제, 가야 출신의 귀족들이 이주해 살도록 했어요. 이것은 수도인 금성이 한반도 남동쪽에 치우쳐 있는 것을 보완하고, 지방 세력의 성장을 감시하기 위한 것이었어요.

통일 신라는 군사 제도를 정비해 9서당과 10정을 편성했어요. 중앙군인 9서당에는 신라 사람 외에도 고구려와 백제 사람을 포함시켜 민족 융합을 꾀하기도 했지요. 지방의 각 주에는 한 개의 군단인 정을 배치했는데, 특별히 한주에는 국방상의 이유로 두 개의 정을 두어 전국에 모두 10정을 배치했어요.

그 외에도 많은 개혁이 이루어졌어요. 문무 관리에게 *관료전을 지급하고, 귀족의 경제 기반이었던 녹읍을 없애는 한편 유학 사상을 강조하며 유학을 교육하는 기관인 국학도 설립했지요. 녹읍은 관료 귀족에게 준 토지였는데, 해당 토지에 살고 있는 농민들로부터 조세를 거두는 것은 물론 농민의 노동력까지 동원

● 5소경

암록강
발 해
압록강
신라
한주 삭주
북원경
(원주)
동 해
명주
한강
웅주 중원경
서원경 (충주)
(청주) 상주
전주
황 해
남원경 강주 양주 ●금성
(남원) 금관경
무주 (김해)

통일 신라의 9주 5소경

관료전 관료에게 녹봉 대신에 주던 토지

122

할 수 있는 큰 특권이 주어졌어요. 그러나 신문왕 때 녹읍이 폐지되면서 왕권은 더욱 강화되었답니다.

통일 이후 왕권이 강화될수록 진골 귀족의 세력은 상대적으로 약화되었어요. 이에 그동안 진골 귀족의 세력에 눌려 정치적으로 성장할 수 없었던 6두품 세력이 새로운 기회를 얻게 되었어요. 6두품 세력은 그동안 갈고 닦은 지식을 바탕으로 왕의 정치적 조언자로 활동하거나 실제적인 행정 업무를 맡아 보았어요.

하지만 경덕왕 때부터는 다시 전제 왕권이 흔들리기 시작했어요. 귀족들의 반발로 녹읍이 부활하고, 세금을 내지 않는 사원의 면세전이 늘어나 국가의 재정은 압박받았지요. 게다가 중앙 귀족의 지나친 향락과 사치스러운 생활로 인해 농민들의 부담은 크게 늘어났답니다.

발해의
건국과 발전

오늘날 발해에 대한 한국, 중국, 일본의 입장은 매우 달라요. 우리나라는 당연히 발해가 '한국사의 일부'라고 주장하고, 중국은 '당나라의 지방 정부'라고 주장해요. 반면 일본은 '중국사와 한국사 모두 포함되지 않는 말갈족의 나라'라고 주장하지요. 하지만 발해의 건국 주체가 누구인지, 또 어떠한 발전 과정을 거쳤는지를 살펴보면 발해가 한국사의 일부라는 것은 너무도 명확한 사실이에요.

고구려가 멸망한 후 대동강 북쪽과 요동 지방의 땅은 당나라가 세운 안동 도호부의 지배를 받았어요. 그렇지만 여전히 고구려 유민들은 요동 지방을 중심으로 똘똘 뭉쳐 당나라에 완강히 저항했지요. 당나라는 고구려 유민들의 반발을 억누르기 위해 무력을 동원하거나 이들을 강제로 다른 지역으로 이주시켰어요.

7세기 말에 당나라의 지방 통제력이 약화된 틈을 타 영주 지역에서 거란족 출신의 이진충이 반란을 일으켰어요. 이러한 혼란을 틈타 대조영이 고구려 유민과 말갈족을 이끌고 랴오허 강을 건너 동쪽으로 이동했어요. 고구려의 장군 출신이었던 대조영은 전쟁의 피해를 거의 받지 않았던 만주 동부 지역의 지린 성 둔화시 동모산 기슭에 도읍을 정하고 698년에 진국을 세웠지요.

진국의 건국 이후 여러 지역에 흩어져 있던 고구려 유민과 본래부터 고구려의 지배를 받았던 말갈족이 급속하게 흡수되었어요. 진국이 돌궐과 화친을 맺고, 고구려의 옛 땅을 회복하면서 날로 강성해지자, 당나라의 현종은 사신을 보내 화의를 청하며 대조영을 '발해 군왕'이라고 칭했어요. 이때부터 진국은 '발해'라고 불리게 되었지요. 바야흐로 남쪽의 통일 신라와 북쪽의 발해가 양립하는 남북국 시대가 열렸어요.

발해의 주민은 고구려인과 말갈인이었는데, 이들은 고구려 계승 의식을 가지고 있었어요. 오늘날 중국은 발해에 말갈족이 다수 거주했다는 사실과 발해가 현재의 중국 영토에 세워진 국가라는 이유로 발해를 중국 역사에 편입시키려 하고 있어요. 그러나 발해는 고구려인이 세우고 고구려인이 지배한 나라예요. 또한 말갈인 역시 고구려 때부터 고구려 백성에 속하였으며, 발해 건국 이후에도 발해 백성이었지요. 즉, 고구려나 발해 모두 여러 민족을 하나로 아우른 국가였고, 여러 민족이 하나의 국가 안에서 더불어 살아갔던 것이죠. 발해의 왕이었던 문왕은 758년에 발해의 사신이 일본을 방문해 전달한 국서에 자신을 '고려 국왕'이라고 표현한 바 있어요. 5세기 중엽 이후 장수왕은 고구려를 줄인 말인 '고려'를 공식 국호로 삼았는데, 《삼국사기》에 왕건이 세운 고려와 구분하기 위해 고려 대신 고구려라 기술한다는 기록이 남아 있는 것으로 보아 문왕이 말한 고려는 고구려이며, 발해가 고구려의 정신을 계승한 국가임을 알 수 있어요.

대조영의 뒤를 이어 즉위한 무왕은 영토 확장에 힘을 기울여 동북방의 여러 세력을 복속시키고 북만주 일대를 장악했어요. 발해의 세력이 날로 확대되자 당나라는 신라와 연합해 발해에 압력을 가하기 시작했어요. 발해는 장문휴가 이끄는 수군을 보내 당나라의 산둥 지방을 선제 공격하는 한편, 랴오시 지방에서도 당나라군과 격돌했어요. 또 돌궐, 왜 등과 가까이 지내며 당나라와 신라를 견제해 동북아시아의 세력 균형을 유지했지요.

건국 후 8세기 전반까지 당나라와 신라를 상대로 적대적인 외교 정책을 펼친 발해는 8세기 중반 문왕이 즉위하면서 외교 정책의 방향을 바꾸었어요. 여기에는 당나라의 정세 변화가 영향을 미쳤지요. 당나라 현종 말기인 755년에 안녹산과 사사명이 반란을 일으키면서 현종이 수도를 떠나 서쪽으로 피신하는 사태가 벌어졌어요. 반란군은 내부 분열로 오래 집권하지 못하고 763년에 진압되었지만 이 일로 당나라의 통치 체제는 크게 흔들리게 되었어요. 문왕은 이 틈을 타 랴오둥 지역까지 진출했어요. 그러면서 문왕은 대외적인 평화 관계를 유지하며 영토를 효과적으로 지배하기 위해 제도를 정비하는 데 주력했지요. 문왕은 먼저 당나라와의 친선 관계를 회복하고 당나라의 문물을 받아들여 체제를 정비했어요. 그리고 나서는 신라와의 관계를 개선하기 위해 *신라도를 개설했지요. 이에 신라는 발해에 사신을 파견했어요. 그러나 당나라와 신라는 고구려를 멸망시킨 나라였고, 발해는 고구려를 계승한 나라였기 때문에 이들의 관계는 화친이라기보다 적대적인 태도가 다소 완화되는 정도였답니다.

8세기 중엽을 전후로 대외 관계가 안정되자 발해는 내부 체제 정비에 힘을 기울이기 시작했어요. 국가의 성장에 걸맞는 넓은 수도가 필요하다고 생각한 문왕은 수도를 중경에서 상경으로 옮겼어요. 그리고 인안이라는 연호를 사용한 무왕에 이어 대흥이라는 독자적인 연호를 사용해 발해가 중국과 대등한 지위에 있

신라도 발해에서 신라에 이르는 교통로. 발해의 남해부에서 함흥을 거쳐 신라의 천정군에 이른다.

음을 과시했어요.

9세기 전반에 선왕이 즉위하면서 발해는 전성기를 맞이했어요. 말 갈의 여러 부족을 복속시키고, 서쪽으로 요동 지방까지 진출하면서 발해의 영토는 북쪽으로는 헤이룽 강, 동쪽으로는 연해주, 서쪽으로는 요동 지방, 남쪽으로는 영흥 지방에 이르렀지요. 그리하여 고구려의 옛 땅을 대부분 되찾았어요. 당시 중국인들은 발해를 가리켜 '바다 동쪽의 전성기를 맞이한 나라'라는 뜻의 해동성국이라고 불렀답니다.

▌**발해의 최대 영역**

발해의 문왕 이후 유학생을 보내 당나라의 제도와 문화를 받아들이는 한편 왕이 중심이 되는 중앙 집권적 지배 체제를 확립했어요. 중앙 정치 조직은 당나라의 제도를 본떠 3성 6부 체제를 갖추었지요. 하지만 발해가 당나라의 제도를 단순히 모방한 것은 아니에요. 조직의 명칭과 운영 방식에서는 발해의 독자성을 유지했거든요. 발해는 정당성의 장관인 대내상이 국정을 총괄하고 그 아래 좌사정, 우사정이 각각 3부를 관할하는 이원적 통치 체제를 바탕으로 국정을 운영했어요.

지방 행정 구역은 5경 15부 62주로 조직되었어요. 전략적 요충지에는 5경을, 지방 행정의 중심지에는 15부를 두고 도독을 파견해 지방 행정을 총괄하도록 했지요. 부 아래에 설치된 62주에는 자사를 파견하고 그 아래에 설치된 현에는 현승을 파견했어요. 지방 행정 구역의 말단인 촌락은 주로 말갈인으로 구성된 촌장을 통해 지배했답니다.

발해는 군사 조직으로 중앙군인 10위를 두었어요. 왕궁과 수도의 경비를 담당한 10위 이외에도 지방 지배 조직에 따라 지방군을 편성해 지방관에게 지휘를 맡겼지요. 당나라 및 신라와 접하고 있는 국경 부근에는 따로 독립된 부대를 두어 방어에 주력하도록 했어요.

10세기에 접어들며 국제 정세가 빠르게 변화하기 시작했어요. 907년에 당나라가 멸망한 후 중국은 5대 10국이라는 분열 시대를 맞이했어요. 한반도 역시 신

▌발해의 지방 행정 조직도

라가 후삼국으로 나뉘며 혼란스러워졌지요. 이 시기의 발해는 귀족들의 권력 투쟁과 말갈인들의 독자적인 행동으로 국력이 크게 쇠퇴했어요. 게다가 때마침 거란이 동쪽으로 세력을 확대하며 발해를 압박했어요. 중국을 정복하기에 앞서 발해를 먼저 치려 한 거란은 926년에 발해에 내분이 일어나자 그 틈을 타 기습적으로 발해

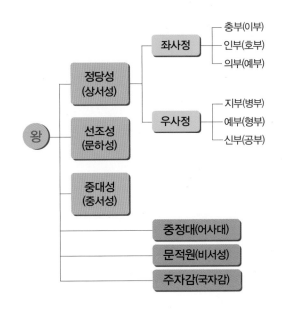

▌**발해의 중앙 관제** 당나라의 6부(이·호·예·병·형·공부)와 달리 유교의 덕목을 사용한 이름을 각 부에 붙였다.

를 침공했어요. 불과 20여 일만에 수도를 함락당한 발해는 그렇게 힘 한 번 제대로 못 써 보고 멸망하고 말았지요. "우리 시조는 발해의 국내가 서로 뜻이 맞지 않는 틈을 타 싸우지도 않고 이겼다."라는 거란족의 기록이 남아 있을 정도로 발해는 허망하게 멸망했어요. 이후 발해 유민들이 곳곳에서 부흥 운동을 일으켰지만 큰 성과를 거두지는 못했어요. 발해의 세자 대광현은 거란을 피해 수만 명의 무리를 이끌고 고려에 투항하기도 했지요. 발해의 멸망으로 우리 민족은 만주 지역을 잃어버린 채 한반도를 중심으로 활동하게 되었어요. 그러나 발해의 지배 세력과 문화는 고려로 흡수되었고 발해의 옛 땅을 찾으려는 인식은 조선 시대까지 계속 이어졌답니다.

신라 사회의 동요와
후삼국의 성립

　신라는 삼국을 통일한 이후 약 100년 가까이 번성하다가 8세기 후반에 진골 귀족들 사이에서 왕위 다툼이 일어나면서 조금씩 흔들리기 시작했어요. 소수의 진골 귀족에게 권력이 집중되면서 귀족 사이의 권력 다툼은 물론, 왕과 귀족 사이의 충돌도 잦았지요. 하지만 이러한 상황을 제대로 통제하지 못할 정도로 당시 왕권은 약화되어 있었어요.

　권력 다툼이 본격적으로 시작된 것은 혜공왕 때부터예요. 765년에 경덕왕이 죽자 혜공왕은 8세의 나이로 즉위했어요. 이처럼 어린 왕이 즉위하면서 왕권은 크게 약화되었고, 그동안 강력한 왕권 아래 숨죽여 왔던 귀족들이 정치 전면에 나서게 되면서 정치가 크게 불안해졌어요. 이에 따라 혜공왕이 왕위에 있던 시기에는 크고 작은 반란이 많이 일어났어요. 결국 혜공왕은 780년에 일어난 김지정의 난에 휩쓸려 죽었어요. 혜공왕을 끝으로 무열왕계의 왕위 세습은 끊어지고 말았답니다. 김양상이 김지정의 난을 진압하고 선덕왕으로 오른 시기부터 927년에 신라의 마지막 왕인 경순왕이 즉위하기까지 약 150여 년 동안 신라에서는 20명의 왕이 바뀌는 큰 혼란이 일어났어요.

당시에 중앙의 귀족들만 왕위 쟁탈전을 벌인 것은 아니에요. 지방 세력들도 가담했지요. 9세기 전반에 지금의 공주인 웅천주의 도독 김헌창이 반란을 일으켰어요. 김헌창은 내물왕의 후손인 원성왕과의 왕위 다툼에서 패한 김주원의 아들로, 무열왕의 후손이었지요. 사실 선덕왕이 죽은 후 화백 회의에서는 왕위 계승자로 시중 김주원을 추대했어요. 그런데 상대등 김경신이 먼저 왕궁에 들어가 왕위 즉위식을 거행하고 원성왕이 되는 바람에 김주원은 명주 지방으로 물러나야만 했지요. 김헌창은 아버지가 이루지 못한 왕의 꿈을 반란을 통해서라도 실현하려 했지만, 결국은 실패하고 말았어요. 한편 자신의 딸을 문성왕의 둘째 왕비로 들이려다가 귀족들의 반대로 뜻을 이루지 못한 장보고도 왕에게 반기를 들었어요. 이에 문성왕은 염장을 자객으로 보내 장보고를 살해하고 반란을 진압했지요.

진골 귀족들 간의 격심한 왕위 다툼은 신라의 근간을 이루던 골품 제도를 뒤흔들어 놓았어요. 신라 사회가 혼란스러워지자 6두품과 지방의 호족 세력들이 앞장서서 사회 변화를 이끌었지요.

6두품 세력은 신라 중기에 전제 왕권이 확립될 무렵부터 왕의 정치적 조언자로서 입지를 굳혔어요. 하지만 중앙 귀족이면서도 승진에 제한을 받았고, 당나라로 유학 가 학문으로나 종교적으로 이름을 떨치더라도 신분의 제한 때문에 별다른 대접을 받지 못했지요. 그 대표적인 인물이 바로 최치원이에요. 당나라에서 관직에 오르며 문장가로도 이름을 떨친 최치원은 신라로 돌아와 진성 여왕에게 10여 조의 개혁안을 올렸어요. 하지만 그의 개혁안은 진골 귀족들의 반대로 받아들여지지 않았지요. 지방 관리를 전전하던 최치원은 관직 생활을 그만

둔 이후 해인사에서 은둔 생활을 했어요. 한편 최치원과 달리 골품 제도에 불만을 품고 지방 호족 세력과 연계해 사회 개혁을 추구한 6두품도 있었지요.

중앙에서 진골 귀족들이 치열한 왕위 쟁탈전을 벌이고 있는 동안, 지방에서는 독자적으로 세력을 키워 온 호족들이 중앙 정부의 통제에서 벗어나 스스로를 성주 또는 장군이라 자처하며 반독립적 세력으로 성장하고 있었어요. 호족 중에는 중앙에서 내려온 귀족, 무역 활동을 통해 재력과 무력을 갖춘 세력, 군대를 기반으로 한 군진 세력, 촌주 출신 등 여러 부류가 있었어요.

9세기 말에는 지배층에 저항하는 농민들의 항쟁이 전국적으로 확대되었어요. 이때 호족들은 항쟁에 나선 농민들을 한편으로 끌어들이며 세력을 키웠어요. 지방을 직접 다스리며 관리를 두고 세금을 징수했을 뿐 아니라 군사권을 장악해 실질적인 지배자로 군림했지요. 거기에 당시 새롭게 유행한 불교 종파인 선종의 승려나 6두품 지식인들을 포용해 통치력을 길렀답니다.

호족들이 세력을 길러 점차 독립적인 세력을 구축히면서 신라는 이름만 남은 꼴이 되었어요. 중앙 정부의 통제력은 경주 일대에만 겨우 미치는 정도였어요. 뿐만 아니라 호족들이 서로 경쟁을 벌이면서 신라 사회는 내란의 소용돌이에 휘말렸어요.

신라 사회의 혼란은 9세기 말 진성 여왕 때에 이르러 더욱 심해졌어요. 부패하고 탐욕에 눈이 먼 중앙 귀족들이 넓은 토지를 차지하고 수많은 노비를 부리는 사이에, 농민들은 토지를 잃고 점차 몰락했지요. 농민의 수가 줄어 정부의 수입도 줄어들자 정부는 손실을 메우기 위해 남은 사람들에게 더 많은 세금을 부과했어요. 그러나 세금은 제대로 걷히지 않았고, 왕이 지방에 관리를 보내 세금을 독촉하기도 했지만 나라의 재정은 계속 궁핍해질 뿐이었지요.

엎친 데 덮친 격으로 흉년이 들고 전염병이 나돌아 농민들의 생활은 더욱 비참해졌어요. 남의 집 노비가 되거나 자식까지 팔아 생계를 유지하는 농민이 생겨났어요. 일부 농민들은 굶주림에 시달리다가 결국 고향을 버리고 떠돌거나 무리를 지어 도적이 되기도 했어요. 신라 말 경주에서는 '나무망국 찰니나제 판니판니소판니 우우삼아간 부이사바하'라는 글귀가 적힌 종이가 뿌려지곤 했는데, 이는 여왕과 간신들 때문에 나라가 망한다는 의미의 글귀였어요. 즉, 지배층의 가혹한 수탈로 인해 생활이 너무 힘겨웠기에 차라리 나라가 망하기

최치원의 〈해인사 묘길상탑기〉 신라 말의 모습을 "나라 안에 농민들의 봉기가 일어나지 않은 곳이 없으며, 굶어 죽은 시체와 전사한 해골이 들판에 별처럼 흩어져 있다."라고 기록하고 있다.

를 바라는 당시 백성의 염원이 담겨 있다고 볼 수 있지요.

상황이 갈수록 악화되면서 농민들은 공공연히 세금 납부를 거부하고 전국 곳곳에서 봉기를 일으켜 각 지역의 관청을 습격했어요. 생존을 위해 국가의 통치 질서를 위협하는 반란군이 되었지요.

상주 지방을 근거로 원종과 애노가 봉기한 데 이어 북원의 양길과 그의 부하 궁예, 죽주의 기훤, 완산주의 견훤 등이 잇달아 일어났어요. 896년에 신라 서남 해안 지방에서 일어난 농민군들은 동쪽으로 진격해 경주 서부 모량리까지 쳐들어가 인가를 약탈하기도 했어요. 이들이 붉은색의 바지를 입었다고 해서 적고적의 난이라고 불러요.

견훤은 농민들의 봉기로 신라가 혼란스러운 틈을 타 후백제를 세우는 데 성공했어요. 경북 상주 출신인 견훤은 부모가 들에서 일하느라 수풀에 눕혀 두면 호

백두산

압록강

발해

청천강

대동강

홍화진(의주)

예성강

서경(평양)

화주(영흥)

동 해

철원

송악(개성)

양길의 난
(889)

기훤의 난

북원(원주)

죽주

웅주(공주)

상주

원종·애노의 난
(889)

황 해

김헌창의 난
(822)

신라

완산주
(전주)

일선
(선산)

금성
(경주)

무진주
(광주)

장보고 피살
(841)

청해진(완도)

▌신라 말의 사회 혼란

랑이가 와서 젖을 먹였다는 일화가 전할 만큼 어려서부터 비범했다고 해요. 그의 아버지인 아자개는 사벌주 가은현에서 농사를 짓다가 나중에 호족으로 성장해 군인이 된 인물이었어요. 그의 본래 성은 이씨였는데, 나중에 견훤이 자신의 성을 견씨로 고쳤다고 해요.

견훤은 신라의 군대에 들어가 서남 해안에 배치되었어요. 기록에 따르면 견훤은 창을 베고 자면서 적을 기다리는 등 다른 병졸보다 용감했다고 해요. 능력을 인정받아 신라의 비장이 된 견훤은 자신을 따르는 군사들을 이끌고 순천과 여수 일대를 시작으로 주변 고을을 점령해 나갔어요. 한 달 사이에 군사 5000명을 모으고 지금의 광주인 무진주를 점령한 뒤 892년에 독자적 세력을 이루었는데 당시 그의 나이는 26세였답니다.

견훤은 8년 뒤인 900년에 완산주를 도읍으로 삼고, 국호를 '백제(후백제)'라 선포하며 왕위에 올랐어요. 견훤은 나라를 세우면서 '신라가 당나라에 원병을 요청해 백제를 멸망시켰는데, 이제 내가 도읍을 완산주에 정하고 의자왕의 원한을 갚겠다.'라고 선언했어요. 이는 무진주와 완산주가 모두 예전에는 백제의 땅이었기 때문에 백제의 명맥을 이은 나라라는 명분으로 그곳 사람들의 마음을 끌어모으려 한 것이었지요.

견훤이 세운 후백제는 오늘날의 전라도와 충청도 땅 대부분을 차지하고는 신라를 위협했어요. 호족들과의 혼인을 통해 세력을 확장하며 옛 백제의 외교 관계를 복원하는 데도 힘썼지요. 이를 위해 견훤은 중국의 오월국과 후당에 사신을 파견하고 거란이나 왜와도 외교 관계를 맺었어요.

견훤이 완산주에서 후백제를 세울 무렵, 궁예는 철원에서 후고구려를 세웠어요. 헌안왕 또는 경문왕의 아들이라 기록되어 있는 궁예는 장래 왕실에 이롭지 못할 듯하다는 이유로 파란만장한 삶을 살았어요. 궁예가 태어나자마자 왕이 아이를 죽이라고 명했거든요. 높은 누각에서 내던져진 궁예는 유모 덕에 죽을 위기를 모면했지만 유모가 궁예를 받던 중 실수로 그의 눈을 찔러 한쪽 눈이 멀고 말았어요. 10세가 될 무렵 유모에게서 자신의 출생에 관한 이야기를 듣고 아버지와 신라에 대한 증오를 가슴에 품은 궁예는, 세달사로 가 출가한 뒤 스스로를 선종이라고 불렀어요.

891년에 궁예는 세달사를 떠나 기훤을 찾아갔으나 기훤은 궁예를 제대로 대우해 주지 않았어요. 이에 궁예는 892년에 북원으로 가서 양길의 부하가 되었지요. 양길 아래에서 공을 세우며 자신의 무리를 이끌던 궁예가 2년 후 명주에 이르렀을 때는 3500명의 병사를 모집해 열네 개 부대를 편성할 만큼 크게 성장해 있었어요. 이후 명주를 중심으로 강원도 북부 일대를 먼저 손에 넣은 궁예는 서쪽으로 방향을 틀어 저족, 생천, 부약, 철원 등을 차례로 점령했어요. 이 과정에서 궁예를 경계하던 양길을 제거해 궁예는 더욱 세력을 확장할 수 있었어요.

인심을 얻은 궁예는 마침내 스스로를 왕이라 칭하며 송악을 근거지로 후고구려를 세웠어요. 궁예는 견훤과 마찬가지로 예전의 고구려 땅에 살고 있는 사람들의 민심을 얻기 위해 '신라가 당나라에 원병을 청해 고구려를 멸망시켰다. 이 때문에 평양 옛 서울이 황폐해 풀만 무성하니 반드시 고구려의 원수를 갚겠다.' 라며 국호를 '후고구려'라고 지었지요.

궁예가 후고구려를 건국하기 전, 한반도 중부 지방을 평정하며 날로 강해지자, 예성강 서쪽 지역의 호족들이 궁예의 부하가 되겠다고 자진했어요. 송악의 호족인 왕륭, 즉 왕건의 아버지가 궁예에게 온 것도 이즈음이었지요. 왕륭은 강원도를 휩쓸고 철원을 근거지로 삼은 궁예가 송악으로 쳐들어올 것이라 예상하고, 궁예와 맞서 싸우다가 화를 당하느니 차라리 궁예의 부하가 되어 집안과 생명을 보존하는 것이 낫겠다고 생각했어요. 왕륭은 그의 아들 왕건과 함께 궁예를 찾아가 자신이 다스리던 송악 지역을 바치고 신하가 되겠다고 했어요. 왕건의 집안은 해상 무역으로 상당한 경제력을 보유한 데다 송악 일대를 다스리는 유력한 호족이었기 때문에 궁예로서는 이들의 귀순이 반가울 수밖에 없었지요.

궁예의 부하가 된 이후 왕건은 후고구려의 영토 확장에 큰 공을 세웠어요. 900년에는 광주(경기도), 충주, 청주 및 당항성, 괴양 등의 군현을 격파한 공으로 아찬의 자리에 오른 데 이어 수군을 이끌고 서해를 거쳐 후백제로 가 금성군과 그 부근 십여 개의 군현을 빼앗으며 눈부신 활약을 했지요. 왕건은 913년에 최고의 관직인 시중에 올랐어요.

왕건이 바다와 육지에서 공을 쌓으며 세력을 키우는 동안, 궁예는 폭정을 일

삼았어요. 스스로를 미륵이라 부르며 자신의 말에 반대하거나 비판하는 사람들을 가차 없이 죽였지요. 또 철저하게 신라를 배척하는 정책을 펼치며 신라에서 오는 사람들을 모두 죽이고 부석사에 걸려 있던 신라 왕의 초상을 칼로 베어 버렸어요.

915년에는 부인인 강씨가 궁예의 그릇된 행동에 대해 말하자, 궁예는 자신의 신통력으로 강씨가 간통한 사실을 보았다며 강씨와 두 아들을 죽였어요. 이후 궁예는 전보다 더 포악해졌고 결국 사람들의 반감을 샀지요.

918년에 홍유, 배현경, 신숭겸, 복지겸 등이 왕건을 왕으로 추대하며 정변을 일으켰어요. 왕건은 호족들의 지지를 바탕으로 궁예를 몰아내고 왕위에 올랐지요. 그리고 나라 이름을 '고려'라 하고 후삼국을 통일하려는 뜻을 품었답니다.

동서양의 대표적
여성 군주

　우리나라 최초의 여왕이자 신라의 제27대 왕인 선덕 여왕은 진평왕의 딸로, 진평왕이 죽은 뒤 왕위 계승 자격을 갖춘 성골 남성이 없어 왕위에 오르게 되었어요.

　선덕 여왕은 백성들의 생활을 안정시키기 위해 구휼 정책을 활발히 추진하며 첨성대를 세워 농사에 도움을 주는 등 백성을 아끼는 어진 군주였다고 해요. 뛰어난 통찰력과 비범함을 바탕으로 최고 통치자의 역할을 훌륭히 해냈던 선덕 여왕은 국가의 안녕과 발전을 빌며 황룡사 9층 목탑을 세우고, 선진 문화를 수용하기 위해 당나라에 유학생을 파견하기도 했지요. 또한 백제의 의자왕이 침입해 나라가 위기에 처하자 김춘추를 고구려와 왜, 당나라로 보내 외교를 통한 동맹을 추진하는 한편 김유신에게는 백제를 공격하

선덕 여왕(?~647)

측천무후(624~705)

도록 해 7개의 성을 빼앗기도 했어요. 선덕 여왕이 펼친 여러 가지 정책들은 신라가 삼국을 통일하는 데 기반이 되었다는 평가를 받아요.

측천무후는 중국 역사상 유일무이한 여성 황제로, 당나라의 황금기를 이끌었어요. 측천무후는 본래 태종과 고종의 후궁이었는데, 뛰어난 정치 감각을 바탕으로 여러 정책에 관여했지요. 정치적 야욕이 강했던 측천무후는 고종이 사망하자 자신의 아들들을 차례로 황제로 즉위시키며 실권을 차지하다가, 급기야 아들을 폐위시키고 직접 황제의 자리에 올랐어요. 이후 과거제를 정비해 실력 있는 인재를 고루 등용하고, 농업 발전에 힘을 쏟아 백성들의 생활을 안정시키며 당나라의 전성기를 이끌었지요. 신라의 김춘추가 당나라에 동맹을 요청했을 때 측천무후는 신라에 지원군을 보내 백제와 고구려를 멸망시키는 데 큰 역할을 하기도 했답니다.

서양의 대표적인 여성 군주로는 엘리자베스 1세가 있어요. 엘리자베스 1세는 영국을 파산 직전에서 해가 지지 않는 나라로 이끈 여왕이에요. 그녀는 즉위 직후 영국 국왕이 영국 교회의 최고 수장이 되는 법률인 수장령과 국교회 의식의 통일에 관한 통일령을 발표해 영국 국교회와 가톨릭의 종교적 갈등을 끝내는 데 성공했어요. 또한 노동 시간과 임금 등에 대한 규정을 만들어 노동자를 보호하고, 빈민 구제법을 제정해 농민들의 몰락을 방지하고자 노력했지요. 뿐만 아니라 동인도 회사를 설립해 국가의 재정을 늘리고, 에스파냐의 무적함대를 격파해 해상권까지 장악한 덕분에 영국은 세계 강국으로 부상할 수 있었어요.

선덕 여왕과 측천무후, 엘리자베스 1세는 모두 나라를 발전시키고 백성들의 생활을 안정시키기 위해 노력한 여왕이었어요. 이들은 과거 여성의 지위가 그리 높지 않았던 시대에 뛰어난 지도력을 바탕으로 나라를 이끈, 능력 있는 지도자였지요.

5장

남북국 시대의 생활 모습

신라는 통일 후 피정복민과의 갈등을 해소하고 사회적 통합을 이루기 위해 노력했어요. 삼국의 문화를 종합하려 애쓰는 동시에 주변 나라와의 교류를 확장해 보다 넓은 기반 위에서 새로운 민족 문화를 꽃피우려 했지요. 발해는 당나라의 제도와 문화에 영향을 받기는 했지만 고구려 문화를 바탕으로 독자적인 문화를 이룩해 냈어요. 이제부터 통일 신라 및 발해의 사회 모습과 그들의 문화에 대해 살펴보기로 해요.

통일 신라와 발해의 경제생활

삼국 통일 이후 영토가 넓어지고 백성이 늘어난 신라는 경제 여건이 크게 향상되었어요. 하지만 고구려나 백제 출신 사람들과의 갈등을 해소하고 사회적 통합을 이루어야 하는 과제가 남아 있었지요. 경제 정책 역시 삼국이 치열하게 경쟁하던 시기와는 달라져야 했어요.

통일 신라는 우선 백성들의 세금을 줄였어요. 지배층이 자신들 마음대로 세금을 걷는 게 아니라, 정해진 제도에 따라 세금을 거두도록 했지요. 당시의 세금으로는 조세, 공물, 역이 있었어요. 통일 이전에는 재산의 정도에 따라 호의 등급을 나누어 곡물이나 포를 거두었던 조세는 통일 이후 생산량의 10분의 1정도만 거두었도록 했어요. 그리고 공물은 촌락 단위로 그 지역의 특산물을 거두었지요. 농민을 군사로 복역시키는 군역과 각종 토목 공사에 노동력을 동원하는 요역은 16세에서 60세까지의 남자를 대상으로 징발했어요.

세금을 정확하게 거두기 위해 객관적이고 합리적인 기준이 필요했던 신라 정부는 촌락의 토지 크기와 인구 수, 소와 말의 수, 토산물 등을 파악하기 위해

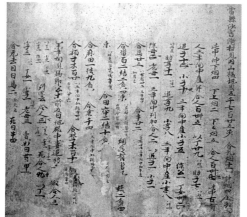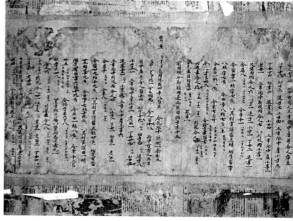

▌**민정 문서(좌)와 민정 문서 기록 중 사해점촌과 관련된 내용(우)** 지금의 청주인 서원경 근처 네 개 촌락에 대한 정보를 알려 주는 문서로, 각 촌락의 토지 종류 및 면적, 가구별 식구 수, 노비 수, 3년 동안의 사망·이동, 소와 말, 뽕나무, 잣나무 수가 모두 기록되어 있다. 신라의 민정 문서는 '신라 촌락 문서' 또는 '신라 장적'이라고도 하는데, 1933년 일본 도다이 사 쇼소인에서 발견되었다.

민정 문서를 만들었어요. 민정 문서는 경제생활의 변화를 반영하기 위해 매년 변동 사항을 조사해 3년마다 다시 작성했어요. 신라는 민정 문서를 바탕으로 조세와 공물, 역을 징수했어요.

신문왕 때에는 토지 제도도 개혁했어요. 귀족들에게 지급하던 [•]식읍을 제한하고 관료들에게 관료전을 지급했어요. 또한 귀족들이 세습하였던 녹읍을 폐지하는 대신 해마다 곡식을 나누어 주었어요. 이것은 신문왕이 전제 왕권을 강화하는 과정에서 귀족들의 경제적 기반을 약화시키기 위해 시행한 것이었지요. 성덕왕 때에는 백성들에게 [•]정전을 지급하고 구휼 정책을 더욱 강화했어요. 이처럼 토지 제도를 개혁하고 구휼 정책을 정비한 것은 귀족에 대한 국왕의 권한을

식읍 왕족이나 공신들에게 내린 토지에서 조세와 노동력, 공물을 수취할 수 있는 것
정전 15세 이상의 남자에게 나라에서 나누어 주던 토지

강화하고 농민 경제를 안정시키려는 데 그 목적이 있었지요.

통일 후 신라는 농업 생산력이 크게 향상되고, 먹을 것이 많아지면서 인구도 늘었어요. 인구의 증가로 상품의 수요가 늘어나면서 동시만으로는 상품의 수요를 감당하기 어려워졌지요. 동시는 통일 이전인 지증왕 때 경주 동쪽에 설치된 시장으로, 경제 활동이 활발히 이루어지던 곳이었어요. 통일 이후 신라 정부는 경주에 서시와 남시를 추가로 설치해 백성들이 편리하게 상품을 사고팔 수 있도록 했어요. 왕실과 귀족들이 사용할 금은 세공품, 비단, 그릇, 가구, 철물 등을 만들기 위한 관청도 정비해 이곳에 속한 장인과 노비를 통해 물품을 공급받았지요.

┃통일 신라의 대외 교류

통일 후에는 국내 상업뿐 아니라 국제 무역도 번성했어요. 당나라와의 관계가 긴밀해지면서 국가 간에 행해지는 공무역뿐 아니라 개인 간의 사무역도 성행했지요. 하지만 일본과의 무역은 그렇지 못했어요. 일본이 통일 신라와 대립 관계에 있던 발해와 친했기 때문이었어요. 일본과의 무역은 8세기 이후에나 활발해진답니다.

통일 신라 시대에는 울산이 대외 교섭의 창구 역할을 했어요. 외국에서 들어오는 수입품의 주요 소비층이 사는 수도와 가까웠기 때문이에요. 경주의 원성왕릉(괘릉)에 서 있는

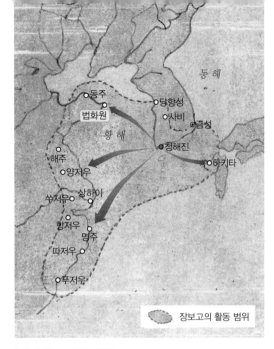

■ **원성왕릉 앞의 무인상** 서역인의 모습을 하고 있는 동상으로, 신라가 중앙아시아 또는 아라비아 지역과 교류했음을 알려 준다. 경상북도 경주에 위치해 있다.

■ **장보고의 해상 활동 범위**

무인상을 통해 이 당시에는 이슬람 상인도 신라에 드나들었다는 사실을 알 수 있어요. 이 무인상은 코가 크고 눈이 움푹 들어갔으며, 수염이 많은 것으로 보아 이슬람 인일 것으로 추정돼요. 이슬람 인을 보지 못했다면 이런 모습의 무인상을 만들 수 없었을 테니까요.

8세기 이후 동아시아의 무역 활동이 활발해지면서 해적들이 자주 출몰하기 시작했어요. 이에 장보고는 지금의 완도에 청해진이라는 해상 기지를 설치하고 해적을 소탕해 남해와 황해의 해상 무역권을 장악했어요.

당나라와의 무역이 확대되어 많은 신라인들이 당나라로 건너가 활동하면서 산둥 반도와 양쯔 강 하류에 신라인의 집단 거주지가 생겨났어요. 신라방과 신라촌이 바로 그것이지요. 이에 따라 이곳의 신라인을 다스리는 자치적 행정 기관인 신라소와 신라인을 위한 여관인 신라관, 신라인이 세운 절인 신라원 등도

▌**포석정** 왕과 귀족들이 흐르는 물에 술잔을 띄워 놓고 둘러앉아 놀았다고 전해진다. 경상북도 경주에 위치해 있다.

▌**안압지** 건물과 연못이 자연스럽게 어울리도록 꾸며진 이 연못에서는 통일 신라 귀족들의 화려한 생활을 보여 주는 유물이 많이 발굴되었다. 경상북도 경주에 위치해 있다.

만들어졌답니다. 이것은 마치 오늘날 미국의 코리아타운에 총영사관과 한인 교회 등이 있는 것과 마찬가지인 셈이지요.

통일 이후 왕실과 귀족들의 풍족한 생활을 엿볼 수 있는 유적으로는 포석정과 안압지가 있어요. 포석정은 주로 연회가 열렸던 장소예요. 이곳에서 연회에 참석했던 이들은 구불구불한 홈을 따라 흐르는 물 위에 잔을 띄워 놓고 술을 마시곤 했는데, 술잔이 자기 앞에 오기 전에 시를 짓는 놀이를 벌이기도 했지요. 안압지는 신라가 삼국을 통일한 직후인 문무왕 때 궁내에 만들어진 못이에요. 신라의 지도 모양으로 못을 파고 산을 만든 뒤, 화초를 심고 진기한 새와 짐승을 길렀던 곳이에요.

통일 신라의 귀족들이 이처럼 여유롭고 호화로운 생활을 즐길 수 있었던 것은 삼국 통일과 밀접한 관련이 있어요. 왕실은 삼국을 통일하는 과정에서 새로이 획득한 토지와 국가의 수입 중 일부를 왕실의 소유로 삼았어요. 귀족들 역시 통일로 인해 늘어난 토지와 노비로 경제 기반이 확대되었어요. 귀족들은 식읍과 녹읍을 통해 해당 지역의 농민들을 지배하고 조세와 공물을 거두는 한편 노동력을 동원했어요. 그것도 모자라 귀족들은 조상에게 물려받은 토지와 노비, 목장, 섬 등의 재산을 가지고 돈을 빌려주고 비싼 이자를 받는 고리대금업을 해 수입을 늘렸지요. 귀족들은 막대한 수입을 바탕으로 당나라나 아라비아에서 건너온 비단, 양탄자, 유리그릇, 귀금속 등의 각종 사치품을 사들였어요. 그 밖에도 당나라의 유행에 따라 옷을 입고, 경주 부근에 호화로운 별장을 지을 정도로 풍요로운 생활을 누렸지요.

통일 이후 사회가 안정되면서 농업 생산력도 어느 정도 늘긴 했으나 여전히 농민들의 생활은 어려웠어요. 당시에는 거름을 이용해 땅을 비옥하게 만드는 시비법이 발달하지 않아 매년 논밭을 경작하기 어려웠거든요. 농민들은 1년 혹은 몇 년 동안 작물을 키우지 않고 땅을 묵혀 두어야만 했어요. 게다가 비옥한 토지의 대부분은 왕실이나 귀족, 사원 등이 차지하고 있었기 때문에 척박한 토지를 경작하는 농민들의 생산량은 당연히 귀족들보다 훨씬 적었지요. 그런데 그마저도 세금을 내고 나면 남는 것이 많지 않았기 때문에 농민들은 생계를 유지하기 위해 남의 토지를 빌릴 수밖에 없었어요. 그 대가로 수확량의 반 이상을 토지 주인에게 주면서 말이에요.

당시 농민들은 국가에 조세, 공납, 역 등의 세금을 냈어요. 토지에 부과되는 조세(전세)는 생산량의 10분의 1정도였지만 그 밖에 삼베, 명주실, 과실류 등 여러 가지 물품을 공물로 내거나 부역에 동원되는 일도 많아 농사일에 지장을 받을 정도였지요. 집안의 장정들이 군역에 나가 농사지을 사람이 없어서 생활에 어려움을 겪는 경우도 많았어요. 당시 유명한 승려였던 의상의 10대 제자로 손꼽히는 진정 법사도 출가하기 전에 군역에 동원되었는데, 그동안 홀어머니를 봉양하기 위해 날품팔이를 같이 했다고 해요. 그때 집안의 재산이라고는 한쪽 다리가 부러진 솥이 전부일 정도로 형편이 좋지 않았기 때문이에요.

특수 행정 구역으로 농사를 짓는 마을인 향이나 부곡에 사는 사람들은 농민보다 더 형편이 어려웠어요. 농민과 대체로 비슷한 생활을 했지만, 더 많은 공물을 부담해야 했거든요. 노비는 왕실, 관청, 귀족, 사원 등에 속해 있으면서 주인을 위해 음식, 옷 등을 만들거나 일상적인 잡무를 담당했어요. 주인을 대신해 농장을 관리하거나 주인의 땅을 경작하기도 했지요.

발해의 경제생활은 대체로 통일 신라와 비슷했어요. 세금으로는 조, 콩, 보리 등의 곡물을 거두는 조세와 베, 명주, 가죽 등의 특산물을 거두는 공물, 궁궐이나 관청 등의 건축에 농민들을 동원하는 부역이 있었지요.

발해의 귀족들은 대토지를 소유하고 사치품을 수입해 화려한 생활을 했어요. 반면 농민들은 수탈의 대상이 되었지요. 이러한 가운데 발해는 9세기 무렵부터 사회가 안정되면서 농업, 수공업, 상업 등이 발달했어요.

발해에서는 기후 조건의 한계로 인해 콩, 조, 보리, 기장 등을 재배하는 밭농사가 중심을 이루었는데 일부 지역에서는 벼농사를 짓기도 했어요. 넓은 초원 지대가 많은 지형적 특성상 목축과 수렵이 발달했어요. 돼지, 말, 소, 양 등의 가축을 많이 길렀는데, 그중에서도 *솔빈부의 말은 주요한 수출 품목이었어요. 이 밖에도 모피, 녹용, 사향 등이 많이 생산되어 수출되었어요. 이와 함께 철, 구리, 금은 등의 금속 가공업과 삼베, 명주, 비단 등의 직물업, 도자기업 등 다양한 분야의 수공업도 발달했지요.

솔빈부 러시아 우수리스크 지역

한편 발해의 수도인 상경 용천부 등의 도시와 교통의 요충지에서는 상업이 발달하며 대외 무역이 활발히 이루어졌어요. 발해는 당나라, 신라, 거란, 일본 등과 무역을 했는데 특히 당나라와는 해로와 육로를 모두 이용해 무역을 했어요. 발해는 주로 모피, 인삼 등의 토산물과 불상, 자기 등의 수공업품을 당나라로 수출하고, 귀족들이 주로 필요로 하던 비단, 책 등을 수입했어요. 발해와 당나라 사이의 무역이 활성화되면서 산둥 반도의 덩저우에는 발해의 사신들을 위한 여관인 발해관이 설치되기도 했답니다.

한편 발해는 당나라와 신라의 협공에 따른 고립을 예방하기 위해 일본과의 외교 관계에 공을 들였어요. 일본과의 무역은 그 규모도 커서 한 번에 수백 명이 오가기도 했지요.

▌**일본 후쿠라항** 발해 사신의 배가 머물렀다고 전해지는 곳이다.

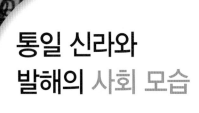

통일 신라와
발해의 사회 모습

　고구려, 백제, 신라는 혈통, 언어, 풍습 등에서 문화적인 공통성을 지니고 있었어요. 이는 삼국이 비슷한 언어를 사용했다는 점에서 비롯되었지요. 백제는 고구려계 유이민이 세운 나라였기 때문에 당연히 고구려와 언어가 비슷했고, 법흥왕 때 백제 사신을 따라 중국 양나라에 간 신라 사신이 백제인 통역관을 이용했을 정도로 백제와 신라의 언어도 비슷했어요.

　삼국을 통일한 후 신라는 고구려계와 백제계 사람들을 하나로 아우르기 위한 민족 융합 정책을 추진했어요. 우선 통일 과정에서 고구려와 백제의 지배층에게 신라의 관등을 주어 그들을 포용했어요. 그리고 통일 직후에는 중앙군인 9서당에 고구려와 백제의 유민들을 포함시켜 민족을 통합하고자 했어요.

　삼국을 통일하기 위해 오랜 전쟁을 치르는 과정에서 국왕의 역할은 점차 강조되었어요. 그러던 것이 통일 이후에도 국왕의 지휘가 견고하게 유지되면서 신라는 강력한 전제 왕권 아래에서 국정이 운영되었지요. 이를 위해 통일 직후에 신문왕은 왕권 강화에 장애가 되는 진골 귀족 일부를 숙청하기도 했답니다.

왕권이 강해지면서 진골 귀족의 세력은 상대적으로 약화되었어요. 그러나 여전히 최고의 신분층이었던 진골 귀족은 중앙 관청의 장관직을 독점하고, 귀족 회의를 통해 국가의 중대사를 결정하며 국가에 상당한 영향력을 행사했어요.

그동안 6두품 출신들은 학문적 식견과 실무 능력을 바탕으로 국왕을 보좌하며 활발히 정계에 진출했어요. 하지만 골품 제도로 인해 아무리 능력이 뛰어나도 중앙 관청의 우두머리인 시중이나 지방 장관직에는 오를 수 없었지요. 이처럼 6두품 출신들은 능력이 있음에도 불구하고 골품 제도에 의해 제약을 받았기 때문에 점차 불만이 싸여 갔어요. 한편 삼국이 통일된 이후 골품 제도에도 약간의 변화가 나타났어요. 골품의 구분이 하급 신분층에서부터 점차 희미해지기 시작했지요. 3두품에서 1두품 사이의 구분은 실질적인 의미를 잃고 평민과 동등하게 간주되었어요.

발해의 지배층은 대부분 고구려계 사람이었어요. 일본에 파견된 사신의 대부분이 왕족인 대씨와 귀족인 고씨 등 고구려계 사람들이었던 사실에서도 알 수 있지요. 고구려계 사람들은 높은 관직을 차지하고 큰 고을에 살면서 노비와 *예속민을 거느렸어요.

발해의 피지배층은 고구려의 전성기 때부터 고구려에 편입되어 있던 말갈족이 다수

▌ **발해사 목간** 발해 사신이라는 뜻의 발해사와 교역이라는 글자가 보이는 목간으로, 727년에 발해 사신이 왜에 갔을 때 왜의 왕족이 쓴 것으로 추정된다.

예속민 다른 나라의 지배를 받는 백성

를 차지했어요. 이들 중 일부는 지배층이 되거나 자신이 거주하는 촌락의 우두머리가 되어 국가 행정을 보조하기도 했지요.

발해의 지식인들도 신라의 지식인들과 마찬가지로 당나라에 유학을 가 그곳의 문물을 받아들였어요. 당시 당나라에서는 외국인을 대상으로 빈공과라는 과거 시험을 실시했는데, 발해와 신라의 지식인들은 이 시험에서 우수한 성적을 거두며 서로 수석 자리를 놓고 다투었다고 해요.

고구려를 계승한 나라이다 보니 발해의 법률과 풍속은 고구려와 비슷한 점이 많았어요. 씩씩하고 기개가 높았으며 활쏘기와 말타기, 격구 등을 즐겼지요. 물론 상층 사회를 중심으로 당나라의 제도와 문화를 받아들이기는 했지만, 하층 촌락 민들은 고구려나 말갈 사회의 전통적인 생활 방식을 많이 유지하고 있었어요.

정효 공주의 묘비 유학 경전인 시경과 논어의 구절이 인용되어 있다. 중국 지린 성 룽터우 산에서 출토되었다.

지린 성 둔화 시에는 발해 문왕의 딸들인 정혜 공주와 정효 공주의 무덤이 있어요. 이 두 무덤의 묘비에는 유교 경전을 비롯해 한문학 작품들이 다양하게 인용되어 있는데 이를 통해 당시 발해의 유교 문화가 상당한 수준이었다는 사실을 알 수 있어요. 묘비에는 주로 부인으로서의 덕목과 어머니로서의 바른 몸가짐이 기록되어 있지요. 이처럼 유교 문화가 강조되었다고 해서 발해 여성들의 사회적 지위가 낮았던 것은 아니에요. 오히려 당시로서는 꽤 높은 사회적 지위를 누렸다고 볼 수 있어요. 일부 귀족 사이에서 유교관에 따라 여성의 일방적인 희생을 강요하는 인식이 있었다고는 하지만 대부분의 경우에는 그렇지 않았어요.

여성의 지위가 높았던 만큼 발해에서는 일부일처제가 확립되어 있었어요. 남편이 다른 여자를 첩으로 맞으면 그 첩을 독살하려고 모의하는 경우도 있었다고 해요. 조선 시대였다면 아마 투기를 했다는 죄로 집에서 쫓겨났겠지만, 발해에서는 이런 질투가 묵인되었지요. 그래서 발해에서는 남자들이 첩을 두지 않았을 뿐 아니라 기생이 접대하는 술집조차 없었다고 해요. 그러나 여왕이 배출된 적은 없어서 아마도 여성이 관직에 진출하는 일은 없었을 것이라고 추정되고 있어요.

통일 신라와
발해의 문화

원효(617~686) 신라 시대의 승려로, 복잡한 불교 사상을 종합해 독자적인 사상 체계를 수립하고 불교의 대중화를 위해 노력했다.

전래 초기에는 포교에 어려움이 컸던 것과 달리 통일을 전후한 시기부터 불교는 신라 사회에 정착했어요. 이에 따라 불교 사상에 대한 이해도 깊어졌지요.

661년에 원효는 불교를 공부하기 위해 의상과 함께 당나라 유학길에 올랐어요. 그런데 날이 저물어 산속의 토굴에서 잠을 자던 중 목이 말라 근처에 있던 물을 마셨지요. 다음날, 자신이 마신 물이 해골에 들어 있던 물이었음을 안 원효는 구토를 하다가 문득 커다란 깨달음을 얻었어요. 진리는 결코 밖에 있는 것이 아니라 자신의 마음속에 있다는 것이었지요. 그래서 원효는 유학을 포기하고 다시 신라로 돌아왔어요. 반면 의상은 당나라 유학을 떠났어요. 토굴에서의 깨달음을 얻은 채 신라로 돌아온 원효는 복잡한 불교 사상을 종합해 독자적인 사상 체계를 수립하고, 이를 대중화하기 위한 노력을 펼쳤어요. 불교 서적을 폭넓게 공부한 원효는 《대승기신론소》, 《금강삼매경론》, 《십문화쟁론》 등을 저술했는데, 자신의 저서에서 '일심' 즉 '한마음'을 강조했어요. 당시 신라는 중국으로부터 다양한 불교 경전과 사상이 들어오는 바람에 불교 교리에 대한 체계적인 이해가 이루어지지 못한 채 여러 종파로 나뉘어 있었어요. 원효는 '한마음'을 강조하면서 여러 종파 사이의 분파 의식을 극복하고 사상적인 대립을 완화시키기 위해 노력했지요.

한편 원효는 계율을 어기고 요석 공주와 연을 맺어 설총을 낳은 이후, 승복을 벗고 스스로를 소성거사라고 칭했어요. 그러고는 먹고사는 문제에 매달려 있는 민중들에게 어려운 경전이나 교리를 소개하기보다 불경의 깊은 교리를 터득하지는 못해도 '나무아미타불', 이 여섯 글자만 지극한 마음으로 염불하면 누구나 서방 정토에 왕생할 수 있다고 전파했지요. 이를 아미타 신앙이라고 해요. 원효는 아미타 신앙을 알리기 위해 파격적인 행동도 서슴지 않았어요. 언제나 술에 취해 방방곡곡의 촌락을 다니며 노래를 부르고 춤을 추며 불교의 교리를 쉽게 전했지요. 덕분에 늙은이에서부터 무뢰배에 이르기까지 부처의 이름을 모르는 사람이 없을 정도로 불교는 대중화되었어요.

의상은 원래 진골 귀족 출신으로 출세가 보장된 신분이었지만 세속의 삶을 포기하고 승려가 되었어요. 원효와 달리 당나라로 유학을 떠났던 의상은 중국 화엄종의 대가인 지엄의 문하에서 10여 년 동안 화엄

의상(625~702) 신라 시대의 승려로, 원래는 진골 출신이었다. 중국에서 화엄학을 배워 와 신라에 널리 알렸다.

학을 공부하고 신라로 돌아와 화엄학을 널리 알렸지요. 의상은 《화엄경》의 사상 중 수행에 필요한 것을 210자의 시로 압축한 《화엄일승법계도》를 저술해 화엄 사상을 정립했어요.

하나가 일체요, 일체가 곧 하나이므로 우주 만물이 서로 융통하고 화해하며 무한하고 끝없는 조화를 이룬다.

－《화엄일승법계도》(의상)

《화엄경》의 핵심 내용을 바탕으로 의상은 우주의 다양한 형상이 곧 하나이고 이 세계를 구성하는 모든 요소들이 불교 앞에서 평등함을 강조하며 평등한 사회가 이 땅에서 실현되기를 기대했어요. 의상은 실제 생활에서도 인간의 평등함을 실천했는데 자신이 진골 귀족 출신임에도 불구하고 노비 출신의 지통과 평민이었던 진정을 제자로 받아들여 깨달음의 길로 이끌었지요. 한 번은 문무왕이

▌**부석사(좌), 해인사(우)** 화엄 사상을 바탕으로 교단을 형성한 의상이 건립한 화엄종 계통의 절들이다.

많은 토지와 노비를 하사하려
하자 율법은 평등하며 자신은
노비가 필요 없다며 이를 거절
하기도 했어요. 이후 의상은 화
엄 사상을 바탕으로 교단을 형
성해 많은 제자를 양성하고 부
석사, 낙산사, 해인사, 범어사,
화엄사 등 화엄종 계통의 절들
을 건립했어요.

▌《왕오천축국전》 신라의 승려 혜초가 인도를 순례한 뒤 남긴 기행문이다. 중국 둔황석굴에서 출토되었고, 프랑스 국립도서관에 소장되어 있다.

한편 의상도 원효와 마찬가지로 불교의 대중화에 앞장섰어요. 의상은 현세에
서 고난을 구제받고자 '관세음보살'을 외는 관음 신앙을 전파했어요. 원효의 아
미타 신앙이 죽은 뒤에 극락세계에 갈 수 있다는 희망을 주는 신앙이었다면 의
상의 관음 신앙은 현실의 복을 기원하는 신앙이었지요.

통일 신라 시기에는 의상 외에도 수많은 승려들이 중국에 가서 새로운 불교를
전수해 왔어요. 중국을 넘어 인도까지 가서 불교를 공부하고 오는 승려도 있었
지요. 그중 혜초는 723년에 인도의 동해안에 도착한 후 인도 곳곳의 불교 성지
를 순례했어요. 인도 순례를 마친 혜초는 갔던 길로 되돌아오지 않고, 파미르 고
원을 건너 727년에 당나라의 수도인 장안으로 들어갔지요. 혜초는 인도를 순례
한 뒤 《왕오천축국전》이라는 기행문을 남겼어요. 여기서 '천축국'은 인도를 말하
는 것으로, 이 책에는 5개의 천축국, 즉 고대 인도 5국의 불교 유적지와 중앙아
시아 곳곳의 종교와 풍속, 문화 등에 관한 다양한 기록이 담겨 있어요. 당시 인
도와 중앙아시아 지역의 풍습을 살필 수 있는 중요한 자료로 평가받고 있지요.

통일 신라 말기에는 불교계에 커다란 변화가 일어났어요. 경전의 이해를 통해 깨달음을 추구하던 교종과 달리, 실천과 수행을 통해 마음속에 내재된 깨달음을 추구하는 선종이 널리 확산되기 시작했거든요. 통일 전후에 교종과 함께 전래된 선종은 처음에는 큰 관심을 얻지 못했어요. 그러나 신라 말에 중앙 귀족들의 권력 다툼이 격렬해지고 지방 호족 세력이 성장하면서 점차 입지가 넓어졌지요.

선종은 참선과 실천을 통해 진리를 터득하는 실천적 경향이 강했는데, 이러한 점이 바로 사회가 변화하기를 바라던 사람들의 이목을 집중시켰어요. 누구나 수행을 통해 내재된 불성을 깨달아 부처가 될 수 있다는 점에서, 왕이 곧 부처라는 왕즉불 사상과 골품 제도를 뒤엎는 사회 변혁적인 성격을 가지고 있었거든요.

▌9산 선문

선종의 주장은 당시 불교계의 개혁 요구를 반영하는 것이었어요. 선종은 종교적인 측면에서 중앙 귀족의 우월성을 부정하고 깨달음의 평등을 주장했기 때문에 지방에서 독자적인 세력을 구축해 온 호족 세력으로부터 큰 환영을 받았어요. 선종 계통의 승려 중에는 지방 호족 출신이 많았는데, 그들은 각 지방의 호족 세력과 결합해 *9산 선문을 이루었어요. 거기서 더 나아가 사회 변혁을 희망하던 선종 승려들은 6두품 지식인들과 함께 고려 건국의 사상적 바탕을 마련했지요.

신라 말기에는 도선을 비롯한 선종 승려들

9산 선문 신라 말에서 고려 초에 형성된 선종 계통의 아홉 개의 종파(세력)

이 중국에서 들여온 풍수지리 사상이 유행했어요. 풍수지리 사상은 땅을 일종의 살아 있는 생명체로 보고 그 이치를 탐구하는 사상으로, 산세와 수세 등을 살펴 도읍, 주택, 묘지 등의 터를 선정했지요. 풍수지리 사상은 앞날의 길흉을 예언하는 선종과 함께 호족들의 적극적인 환영을 받았어요. 왕실과 귀족 세력이 자리 잡고 있는 경주만이 중심지라는 생각을 극복하고, 호족들이 살고 있는 곳도 명당이라고 선전할 수 있는 사상적 기반이 되었기 때문이에요. 국토의 효율적 이용을 꾀하는 인문 지리학적 학설이었던 풍수지리 사상은 앞날

▍**도선(827~898)** 통일 신라의 승려로, 풍수지리학의 대가로 왕건의 사상에 많은 영향을 끼쳤다.

의 길흉을 예언하는 도참 사상과 결합하면서 산수(산과 물)의 생김새로 미래를 예측하는 방향으로 발전했어요. 특히 신라 말기의 송악 길지설은 경주를 도읍지

▍**청운교와 백운교** 불국사 정문에 자리 잡은 돌계단으로, 직선과 곡선이 조화를 이루고 있다.

로 삼고 있는 신라 정부의 권위를 약화시키고, 송악의 호족 출신인 왕건이 고려를 건국하고 후삼국을 통일하는 데 큰 도움을 주었어요.

한편 신라 왕실은 불교를 통해 그들이 꿈꾸는 이상 세계를 실현하고자 했어요. 불국, 즉 부처의 나라를 경주 땅에 실현하고자 했지요. 경덕왕 때는 그러한 생각을 실천으로 옮겨 불국사와 석굴암을 만들기 시작했어요.

불국사는 불국토의 이상을 표현한 사원이에요. 청운교와 백운교는 불국사 정문에 자리 잡은 돌계단으로, 직선과 곡선이 조화를 이루고 있어요. 청운교를 청년으로, 백운교를 노인으로 보아 이 돌계단들이 인간의 삶을 상징한다고 해석하기도 하지요. 대웅전 앞에 들어서면 석가탑과 다보탑이 서로 마주 보고 서 있어

┃**석가탑(좌), 다보탑(우)** 간소한 석가탑과 화려한 다보탑은 통일 신라 석탑을 대표하는 석탑으로 안정감과 조화미가 뛰어나다.

요. 간소한 석가탑과 화려한 다보탑은 통일 신라의 대표적인 석탑이랍니다.

1966년 10월에 석가탑 안에서 《무구정광대다라니경》이 발견되었어요. 이는 세계에서 가장 오래된 목판 인쇄물로 국보 제126-2호로 지정되었지요.

인공 석굴 사원인 석굴암은 전실과 주실 그리고 천장이 이루는 비례와 균형의 조형미로 건축 분야에서 세계적인 걸작으로 손꼽혀요. 본존불상을 중심으로 보살상, 나한상, 인왕상 등을 배치해 불교 세계의 이상을 표현했는데 당시의 건축 기술과 조각 기법 그리고 과학 기술이 종합적으로 반영되었지요.

통일 신라 말기에는 석탑 양식에서도 다양한 변화가 나타났어요. 양양 진전사지 3층 석탑은 기단과 탑신에 부조로 불상을

▌**본존불상** 인공 석굴 사원인 석굴암 안에 있는 불상으로, 당시의 건축, 조각, 과학 기술이 종합적으로 반영되었다.

성덕 대왕 신종 통일 신라의 공예 기술을 대표하는 조형물로, 우리나라에 남아 있는 가장 큰 종이다. 경주국립박물관에 소장되어 있다.

새겨 불교적 세계관을 드러냈지요. 선종이 널리 퍼지면서 승려의 사리를 봉안하는 승탑과 탑비도 유행했는데 승탑과 탑비가 널리 퍼진 것은 선종을 믿는 지방 호족들의 정치적 역량이 그만큼 성장했음을 보여 주는 증거이기도 했답니다.

하늘을 날아오르는 비천상의 모습이 조각된 것으로 유명한 성덕 대왕 신종은 통일 신라의 공예 기술을 대표하는 조형물이에요. 우리나라에 남아 있는 가장 큰 종으로 무게 25톤에, 높이는 3.75미터나 되지요. 이 종은 경덕왕이 아버지인 성덕왕의 명복을 빌기 위해 제작을 시작했으나 그의 아들인 혜공왕 때에 이르러서야 완성되었어요. 종이 완성되기까지 무려 33년이나 걸렸지요. 성덕 대왕 신종은 흔히 그 종소리가 어머니를 애타게 부르는 아이의 우는 소리와 비슷하다고 해서 '에밀레종'으로 불리기도 한답니다.

통일 신라는 불교 사회였지만, 왕권을 강화하고 국가의 체제를 안정시키기 위한 정치 이념으로 유학도 강조했어요. 신문왕 때는 유학 교육 기관인 국학을 설치했고, 원성왕 때는 유교 경전을 얼마나 이해하고 있는지 심사하는 시험인 독서삼품과를 실시했지요. 독서삼품과는 국학에서 공부하는 학생들과 유교적 소양을 갖춘 사람들을 대상으로, 시험 성적에 따라 상·중·하로 나누어 관리를 선발하던 제도로, 골품 제도 아래에서 특혜를 누리던 진골 귀족의 반대로 큰 성과를 거두지는 못했어요. 하지만 유학을 널리 보급시키는 데에는 기여했지요.

유학이 발달하면서 뛰어난 학자들이 많이 배출되었어요. 무열왕과 문무왕, 신문왕 대에 걸쳐 문장가로 이름을 떨친 강수는 외교 문서를 잘 작성해 삼국 통일에 기여했고, 설총은 이두를 정리해 한자의 음과 뜻으로 우리말을 쉽게 기록할 수 있게 했어요. 또한 김대문은 《화랑세기》, 《고승전》, 《한산기》 등 신라의 역사와 풍토에 관한 책을 저술해 신라 문화를 주체적으로 인식하고자 했지요.

한편 통일 신라에서는 당나라로 유학을 가는 학생들이 많았는데, 이들 중에는 당나라의 빈공과에 합격해 그곳의 관리가 되는 경우도 있었답니다.

발해는 고구려 문화의 토대 위에 당나라의 문화를 수용하는 한편, 말갈족의 토착 문화를 존중했어요. 또한 중앙아시아 지역의 여러 민족과 교류해 문화의 다양성이 두드러졌지요. 이를 바탕으로 발해는 다채롭고 독자적인 문화를 구축했어요.

발해의 수도인 상경은 당나라의 수도인 장안과 유사한 모양으로 건설되었는데, 외성과 내성, 주작대로를 갖추고 있었어요. 그리고 그 안에는 궁궐과 절 등을 세웠는데 궁궐터에서 발견된 온돌 장치와 절터에서 나온 벽돌 그리고 기와의 무늬는 고구려

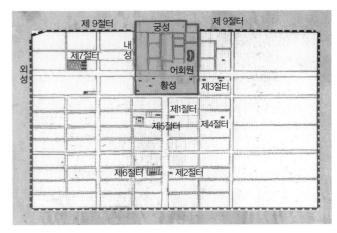

▌**발해 상경성의 구조** 발해의 상경성은 둘레가 16킬로미터가 넘고, 열한 개의 도로가 연결되어 바둑판 모양을 이룬 계획 도시였다.

영광탑 발해 시대에 건립된 탑으로 벽돌로 쌓은 전탑 양식이다.

의 영향을 받아 소박하고 힘찬 느낌을 준답니다.

2009년에는 19칸에 달하는 웅장한 규모의 제2궁전지가 중국에서 발굴되었어요. 이는 중국의 장안성보다 더 큰 규모로 발해가 매우 융성했음을 짐작할 수 있게 해 주지요.

무덤 양식에서도 고구려와 당나라의 영향을 엿볼 수 있어요. 정혜 공주의 묘는 굴식 돌방무덤 양식으로, 고구려 고분에서 볼 수 있는 *모줄임천장 구조를 가지고 있어요. 이보다 늦게 만들어진 정효 공주의 묘는 벽돌무덤 양식으로, 당나라와 고구려의 무덤 양식이 혼합된 형태예요. 내부에 그려진 벽화는 당시 당나라에서 유행하던 화풍이었지요. 한편 발해 초기의 흙무덤과 입이 두 겹에 배가 깊은 그릇 등을 통해 말갈족의 토착 문화도 남아 있었음을 알 수 있어요.

발해에서도 통일 신라와 마찬가지로 불교가 성행했어요. 주요 도시에 절이 세워졌는데 상경에서만 무려 10여 개의 대규모 절터가 발견되어 발해가 불교를 적

모줄임천장 구조 무덤의 네 벽 위에서 1~2단 안쪽으로 비스듬히 괴어 올린 후, 네 귀에서 세모의 굄돌을 걸치는 식으로 모를 줄여 가며 올리는 천장 구조

극적으로 장려했음을 알 수 있어요. 불교의 발전과 함께 불교 미술도 발달해 상경과 동경의 절터에서는 많은 불상이 발굴되었는데 흙을 구워 만든 이불병좌상이 대표적인 작품이랍니다.

탑은 당나라의 영향으로 벽돌로 만들어진 탑이 유행했는데, 그중에는 무덤 위에 세워진 것도 있어 발해만의 특색을 보여 주고 있어요. 절에 세워진 석등 중에는 높이가 6미터도 넘는 웅장한 규모의 석등도 있어 발해인의 힘찬 기상을 느낄 수 있지요.

발해 역시 유학을 통치 이념에 반영했어요. 유학 교육 기관인 주자감을 세워 인재를 양성했지요. 일본 한시집에 남아 있는 발해 사신 양태사와 왕효렴의 시는 당시 발해의 뛰어난 한문학 수준을 잘 보여 준답니다.

▌**이불병좌상** 두 부처가 나란히 앉은 불상으로 고구려의 양식을 계승한 것이다.

▌**발해의 석등** 팔각 지붕 모양의 덮개돌과 뚜렷한 연꽃 무늬가 특징이다.

한국의 고대사를 훔쳐 간
중국의 동북공정

    오늘날 중국은 일본과 함께 우리나라의 역사를 왜곡하고 있어요. 2002년 이후 중국은 '동북공정'을 추진하며 현재의 중국 영토 안에서 일어났던 모든 역사를 중국의 역사로 만들려 하고 있어요. 이를 위해 만주를 포함한 중국 동북 지역의 역사를 연구하고 있지요.

    중국이 동북공정 사업을 추진하는 데에는 동북 지역에 대한 통합을 확고히 하려는 데 첫 번째 목적이 있어요. 역사적·문화적·민족적·지리적 입장에서 한반도와 중국 동북 지역의 연관성을 단절시켜, 조선족이나 만주 지역에 대한 우리

중국 역사 부도에 실린 5세기 지도 한반도 북부가 중국의 영토로 되어 있고, 고구려가 작게 써 있다. 고구려가 중국의 지방 정권이라는 중국의 주장이 반영되어 있다.

중국 역사 부도에 실린 9세기 지도 중국 당나라 말기의 지도로 발해가 당나라의 지방 정권으로 표시되어 있다.

나라의 영향력을 차단하려는 것이지요. 두 번째로는 고구려사나 발해사를 중국사로 못 박아 우리나라의 역사에서 배제시키는 데 그 목적이 있어요. 우리나라가 통일을 이룬 후 간도의 소유권을 주장할까 봐 애초에 영토 분쟁의 싹을 없애려는 것이지요. 마지막으로 중국의 동북 지역에 살고 있는 소수 민족에 대한 영향력을 강화하려는 데 그 목적이 있어요. 조선족 등의 소수 민족에게는 예전부터 중국에 속한 민족으로서의 소속감을 주고, 소수 민족의 문화를 말살하려는 것이지요. 이처럼 동북공정은 학술적인 연구보다 동북아시아의 국제 질서 및 중국과 한국의 관계 변화에 대한 대비책으로써의 성격이 더 강해요.

동북공정의 문제점은 한국사를 크게 왜곡하는 데 있어요. 1980년대 초까지만 해도 중국은 고구려사를 한국사로 인정했어요. 그런데 1990년대에 들어서면서부터는 고구려를 중국의 소수 민족이 세운 지방 정권이라고 주장하기 시작했지요. 중국 정부의 적극적인 지원 아래 진행되는 동북공정에 따르면 고구려사는 물론 고조선사와 발해사까지 모두 한국사에서 제외돼요. 그리고 우리 역사는 시간적으로는 2000년, 공간적으로는 한강 이남으로 국한되지요. 우리나라의 역사가 뿌리부터 흔들리게 되는 거예요.

우리는 우리 역사를 깊이 있게 연구해 중국의 역사 왜곡에 논리적으로 대응해야만 해요. 중국의 역사 왜곡으로 갈등을 겪고 있는 몽골이나 티베트, 베트남 등과 연대해 국제 학술 네트워크를 구축하는 것도 좋은 대응 방법이지요. 또한 북한의 경제가 중국에 의해 좌우되지 않도록 남북 경제의 교류와 협력을 확대하는 한편, 통일 이후의 영토 문제를 대비해 간도 협약을 비롯한 국제법도 연구해야만 해요.

찾아보기

술술 한국사 연표

1권

171

발해

통일신라

고려시대

1963	박정희 정부가 성립되다
1965	한·일 협정을 조인하다
1966	한·미 행정 협정을 조인하다
1967	제2차 경제 개발 5개년 계획을 실시하다(~1971)
1968	1·21 사태가 일어나다
1970	새마을 운동이 시작되다. 경부 고속 국도를 개통하다
1972	제3차 경제 개발 5개년 계획을 실시하다(~1976)
	7·4 남북 공동 성명을 발표하다. 남북 적십자 회담을 개최하다
	10월 유신이 일어나다
1973	6·23 평화 통일을 선언하다
1974	북한 땅굴을 발견하다
1976	판문점 도끼 만행 사건이 일어나다
1977	제4차 경제 개발 5개년 계획을 실시하다(~1981)
1978	자연 보호 헌장을 선포하다
1979	10·26 사태가 일어나다
1980	5·18 민주화 운동이 일어나다
1981	전두환 정부가 출범하다
1983	KAL기 피격 참사, 아웅산 사건이 일어나다
	KBS, 이산가족 찾기 TV 생방송을 하다
1985	남북 고향 방문단의 상호 교류가 이루어지다
1986	서울 아시아 경기 대회를 개최하다
1987	6월 민주 항쟁이 일어나다
1988	한글 맞춤법이 고시되다. 노태우 정부가 출범하다
	제24회 서울 올림픽 대회를 개최하다
1989	동구권 국가와 수교하다
1990	소련과 국교를 수립하다
1991	남북한이 유엔에 동시 가입하다
1992	중국과 국교를 수립하다
1993	김영삼 정부가 출범하다
1994	북한, 김일성이 사망하다
	정부 조직을 개편하다
1995	지방 자치제를 실시하다
	한국, 유엔 안보리 비상임 이사국에 뽑히다
1996	경제 협력 개발 기구(OECD)에 가입하다
1998	김대중 정부가 출범하다

대

한

민

국

- 2000

2000	남북 정상 회담, 6·15 남북 공동 선언을 하다
	아시아·유럽 정상 회의(ASEM)를 개최하다
2002	한·일 월드컵 대회를 개최하다
	제14회 부산 아시아 경기 대회를 개최하다
2003	노무현 정부가 출범하다
2005	아시아·태평양 경제 협력체(APEC) 정상 회의를 개최하다
2006	수출 3000억 달러를 돌파하다
2007	반기문, 유엔 사무총장에 취임하다
	제2차 남북 정상 회담을 개최하다
2008	이명박 정부가 출범하다
2013	박근혜 정부가 출범하다

참고 문헌

한국사를 보다 1, 박찬영, 정호일, 리베르스쿨, 2011

미래를 여는 한국의 역사 1, 강종훈 외 3인, 웅진지식하우스, 2011

한국사 편지 1, 박은봉, 웅진주니어, 2009

삼국 시대 사람들은 어떻게 살았을까, 한국역사연구회, 청년사, 2005

한국사 이야기(1~4), 이이화, 한길사, 2004

한국사(1~10), 국사편찬위원회, 탐구당, 2013

국사보감, 한재호 외, 디딤돌, 2005

중학교 역사①, 정선영 외, 미래엔

중학교 역사①, 조한욱 외, 비상교육

중학교 역사①, 양호환 외, 교학사

중학교 역사①, 정재정 외, 지학사

중학교 역사①, 이문기 외, 두산동아

중학교 역사①, 김덕수 외, 천재교과서

중학교 역사①, 주진오 외, 천재교육

중학교 역사①, 김형종 외, 금성

중학교 역사①, 한철호 외, 좋은책 신사고

뿌리 깊은 한국사 샘이 깊은 이야기, 서의식, 강봉룡, 솔, 2002

한국생활사박물관(1~6), 한국생활사박물관편찬위원회, 사계절, 2002

고등학교 한국사, 한철호 외, 미래엔

고등학교 한국사, 도면회 외, 비상교육

고등학교 한국사, 주진오 외, 천재교육

고등학교 한국사, 왕현종 외, 두산교육

고등학교 한국사, 김종수 외, 금성

고등학교 한국사, 최준채 외, 리베르

고등학교 한국사, 정재정 외, 지학사

고등학교 한국사, 권희영 외, 교학사

권태균 13p(주먹 도끼, 찍개), 14p(구석기 시대의 생활 모습), 16p(간석기로 만든 돌낫), 17p(빗살무늬 토기_국립중앙박물관), 19p(신석기 시대의 움집), 20p(가락바퀴), 21p(조개껍대기 가면_국립중앙박물관), 21p(치레걸이_국립김해박물관), 23p(비파형 동검, 거친무늬 거울, 미송리식 토기_국립중앙박물관), 24p(탁자식 고인돌, 바둑판식 고인돌), 25p(반달 돌칼), 26p(철제 농기구), 26p(명도전, 반량전_국립중앙박물관), 27p(붓, 세형동검, 거푸집, 잔무늬 거울_국립중앙박물관), 28p(널무덤, 독무덤_국립중앙박물관), 34p(무용총 수렵도_국립중앙박물관), 36p(동예의 집터), 36p(제주도 조랑말), 37p(솟대), 39p(복희와 여와_국립중앙박물관), 39p(이자나미와 아자나기), 42p(오녀산성), 43p(국내성, 환도산성), 45p(광개토 대왕릉비와 탁본), 45p(충주 고구려비), 49p(고구려의 돌무지무덤, 백재의 계단식 돌무지무덤, 풍납토성), 52p(《양직공도》에 그려진 백제 사신_국립중앙박물관), 57p(호우명 그릇_국립중앙박물관), 59p(단양 신라 적성비, 진흥왕 순수비), 61p(김해 구지봉의 기념물), 62p(덩이쇠), 63p(미늘 갑옷, 말 얼굴 가리개_국립김해박물관), 65p(지산동 고분), 67p(칠지도), 70p(보습, 쇠삽날), 73p(쌍영총 예불 행렬도_중국문화유산, 중국문물보사, 무용총 묘주 생활도_고구려의 벽화, 일본 고단사), 77p(평민의 생활을 그린 고분 벽화_고구려 고분벽화, 서문당), 78p(노비의 모습_고구려 고분벽화, 서문당), 79p(무용하는 여인들_고구려 고분벽화, 서문당), 81p(고구려 귀족 여인들_조선고적도보, 조선총독부), 81p(신라 토용), 82p(백제 쌍단지), 82p(백제의 그동 수저), 84p(마구간_고구려 고분벽화, 서문당), 85p(부엌, 고기 창고, 수레 창고, 외양간_고구려 고분벽화, 서문당), 87p(궁남지), 88p(금동 연가 7년명 여래 입상), 90p(이차돈 순교비), 91p(미륵사 복원 모형, 황룡사 복원 모형), 94p(무령왕릉 내부, 무령왕릉에서 출토된 금동 신발_국립중앙박물관), 95p(장군총, 부여 능산리 고분군, 백제 금동 대향로), 97p(황남대총 금관_국립경주박물관도록), 97p(천마총), 98p(고구려 각저총 벽화_고구려 고분벽화, 서문당), 99p(정림사지 5층 석탑, 호류 사 5층 목탑), 100p(고구려의 수산리 고분벽화, 일본 다카마쓰 고분 벽화_고구려 고분벽화, 서문당), 101p(금동 미륵보살 반가상, 일본 고류 사 목조 미륵보살 반가상_국립중앙박물관도록), 113p(계백 장군), 114p(백강과 낙화암), 121p(대왕암, 감은사 터), 133p(최치원의 〈해인사 묘길상탑기〉), 138p(선덕 여왕, 측천무후), 143p(민정 문서, 민정 문서 기록 중 사해점촌과 관련된 내용), 145p(원성왕릉 앞의 무인상), 146p(포석정, 안압지), 149p(일본 후쿠라항),

151p(발해사 목간), 152p(정효 공주의 묘비), 154p(원효_고승인물전시회도록, 예술의전당), 155p(의상_고승인물전시회도록, 예술의전당), 156p(부석사, 해인사), 157p(왕오천축국전), 159p(도선, 청운교와 백운교), 160p(석가탑, 다보탑), 161p(무구정광대다라니경, 본존불상), 162p(성덕 대왕 신종), 164p(영광탑과 정효 공주의 묘), 165p(이불병좌상, 발해의 석등)

중앙포토 29p(단군왕검)
두피디아 55p(경주 나정)